顽童忏悔录

wantongchanhuilu

钱五一／著

文匯出版社

谨以此书献给我的女儿

给女儿的信(代序)

林子：

早在十多年前，我就想写这本书了，为自己，也为你，当时你才八岁，没法看，我也忙，偶尔抽空想想，随手记录，这才把那些扔在脑子角落里的记忆找出来，草草组合成书，修改十多遍，仍不满意，好在并不急于发表。奇怪的是我自视阅历丰富，素材仓库雄厚，不料成书才十万字。有话则长，无话则短，这是作文原则之一，算了。

这本书，记录了我五岁至十八岁间的经历，翻看时或许你会觉得荒唐可笑，因为我想以笔代刀，剖开自己的肺腑。

你知道，我不用兜售隐私，赚点养家活口的银子也不会太难。写这些，实在是有话要说。

不论贫富贵贱、黑白美丑，如能作文，写

下其生命历史，都可成精彩无比的大书。

我需要忏悔。

我必须忏悔。

若不忏悔，我似乎不能活得心安理得。

于是我写下这部带有文学色彩的自供状。

我不承担我没有经历的往事责任，我承担我做过的一切责任。

我的部分作品，如今看，已成文字或影像垃圾，这本书，属我生命中最重要的一部分。

现在，请你阅读父亲，希望你读懂父亲。

你的父亲　钱五一

一

公元1969年的一天，几月几号我已经忘掉了，隔壁的阿四跑来说：他在我家的后院里发现一只狗。

我不相信那是狗，因为城里的狗已经给我们吃了。每天晚上，我们一帮半大不小的男孩都在找狗，只要看见狗头在哪里出现，十几个套狗索就飞出手，总有一个套中狗头，随即一拉，那细钢丝做的活扣顿时紧勒狗脖子，任它再凶再壮也难逃脱。可最近吃的一顿狗肉也在个把月前了，那天夜里转了四五个小时，连根狗毛都没看见，回家时才在一个黑门洞里发现了一只黑狗，小，胖，像个圆滚滚的肉球，蹲在青石台阶上，摸一下就摇尾巴，呜哩呜哩叫。有人提议放了它，有人提议带回去养成大狗再吃。最后的结果是把它抓起来摔死在青石板上，连皮烧烧吃了，一人才吃了两块肉。暗恋我姐姐的根福家本来有一只杂毛狗，根福把杂毛狗藏了几个地方，甚至藏到乡下的表弟家去，最后还是藏进了他自己肚子里，一人独食，连一个小兄弟也没叫。拉板车的老六家里有一只额头上长两块黑斑的四眼狗，老六长得壮实，我们不敢惹他，晚上就潜伏在他家门口，巴望四眼狗出门拉屎拉尿，可守到天亮才发现板车上晾着一张湿漉漉的狗皮，正是四眼狗的。

于是我笑笑说那不是狗，那要么是猫，要么是山羊。

阿四把我拉进了院子。

院子是我家的，也是阿四家和别的什么人家的，很大，足有上千平方米，当年这里是一帮大小地主的住宅，白墙黑瓦，精雕细刻的梁柱，庭院连接着庭院，标志着江南地主的富足，结果被日本人丢炸弹炸得稀烂，变成了一片广阔的废墟。靠废墟住的人家几乎都在这里开荒，种树种菜，只是废墟里的残片碎屑多，拾掇一垄地，七零八碎的瓦片就占了三分之一。开垦多年，我家就种了两棵桃树、五六棵泡桐、十几垄蔬菜。在废墟里有许多奇奇怪怪的东西，我捡到过铜油灯、破眼镜、绣花鞋、竹笔筒、细眼钱。大弟赵歌眼尖，居然在废墟里捡到半只金戒指，高兴坏了，从此有空没空就在破瓦堆里翻，他觉得凭他的运气还能挖出一只金元宝。几年后，果然有人在废墟里挖出一只装满金条的坛子，大弟追悔莫及，他从埋坛子的地方走过无数回，但挖到坛子的人却不是他。

院子里最多的是蛇，躲在败屋残垣的阴暗缝隙中，黄颔蛇、秃灰蛇、火赤链我都见过，还见过一只会放臭屁的黄鼠狼，躲在竹林里，把一只鸡啃得只剩了半边就丢下不管了，结果那剩下的半拉子鸡风干得像木乃伊。有一条手臂粗的黑眉锦蛇常在我家出没，把老鼠撵得吱吱叫。母亲说：那是家蛇，老天派它来护家守院的，万万打不得。这些日子，这些东西大概也怕给我们吃了，统统失去了影子。于是我打赌说阿四看花了眼，那肯定是一只猫。

阿四示意我别说话，他躲到一截断墙后，伸手指着一个方向。

目光越过爬在破墙上疯长的牵牛花，再越过稀稀拉拉的枸杞树，落到一块绿色的黄豆地里，那里有一块金黄色的皮毛在闪光。

那是一只狗！一只最普通最常见的黄狗。

谁家的狗？它怎么躲过我们的天罗地网，躲到这院子里来？趁我发呆的时候，阿四不知从哪里找来一根钢钎，塞到我手中。

我当然知道下一步我的动作，我接过钢钎，弯下腰，爬在地上往狗的藏身处匍匐前进。

钢钎属开山筑路的那种扎实家伙，长达一米，重约十斤，身子如麻花扭曲，锈迹斑斑，只有钎尖像银子一样闪闪发亮。

爬到黄豆地边，我直起半个身子看狗。

黄狗正以狗的标准姿势睡觉，即身子弯成C字，脑袋搁在两条前腿上，看上去很瘦，比一只猫大不了多少。大概听见了我的动静，它抬头看着我。

冷汗一阵阵从背部沁出，我盯着狗，觉得它的下一个动作就是以最快的速度从我眼皮底下消失。可黄狗只是平静地看我一眼，擅长分辨善恶的狗眼居然看不出我是个危险人物，又垂下脑袋继续睡觉。

于是我冲到黄狗身前，把钢钎的一头砸向狗头，就像砸中了一只面袋子，发出一声闷响，黄狗哼都没哼就给砸死在原地。

躲在断墙后的阿四蹿进黄豆地，发出一阵欢呼。

阿四的老子好像是街道办的主任，是大昆巷里的首富。巷子里流传着一个听了让人流口水的故事：那年冬天，他老子把一锅红烧肉忘记在门口的煤炉上，结果给人家偷了，窃肉者，不是我，因为我不知道他家居然会把红烧肉忘记在家门口。

死狗一动不动，扭头看看四周，天气很好，黄豆秧子上已挂满了豆荚，枸杞的果子也开始泛红，胡蜂嗡嗡乱飞，蒲公英的种子化作无数把小伞在空中飞扬，一点不像个杀戮的季节，但是我，一个十六岁的男孩，亲手杀死了一只没见过什么世面的狗。

死狗就躺在我脚边，狗眼已合成了一条细缝，狗头上看不见什么伤口，狗嘴里流出一丝鲜血。我拄着钢钎，心里油然涌起一阵杀戮后的快活，也许有如打虎后的武松。据说当年施耐庵在江阴祝塘镇喝醉了酒，三拳两脚打死一只上门骚扰的狗，然后将打狗演绎成《水浒传》中的武松打虎。不知施耐庵打狗后是否也有我的快活？是否施耐庵还痛打过别的狗，别的动物？不得而知。当然这一回并非我首开杀戒，关于我杀生的罪孽，后面还会涉及很多。

那时候没人跟我讲什么道理，就是讲了我也不见得会听，因为我实在太贪嘴，肚子颇像江南父母形容的“薄皮棺材”，填不满也装不饱，一天到晚只想吃东西。当时我刚从插队的乡下回来，立刻花了半天时间，在后院里采了半斤多牵牛花籽，到中药店去卖了两分钱，马上去买来一颗糖吃了。接着我和大弟用枕套包住脑袋，爬到后院的一棵榉树上，用小竹篙捅下一只胡蜂窝，又到药店去卖了三分钱。大弟问我讨一分，我不肯给，说胡蜂叮了我，没叮他。大弟仍不屈不挠地追着讨，我就动手打，把赵歌从房间一直打到天井里。小弟赵星跳出来主持公道，说大弟立了功，应该给一分。于是我把大弟、小弟都打了一顿，还找出一把榔头来敲着地皮威胁：谁想觊觎这笔钱财，先会会这把榔头。

对不起，赵歌、赵星，我的两个弟弟，我错了，我真不该为了自己的馋嘴而忘记亲兄弟的情义。

对不起，那只我不知其名的黄狗。当时在我的眼里，你根本不是什么狗，只是一块肉，一块等待下锅的狗肉，而狗肉本身就是供人吃的，并不是摆在那儿让你欣赏把玩的。

三十多年后才道歉，这确实晚了点，况且那只黄狗根本听不见。当天下午，我们就把它吃了，欢天喜地的，像个盛大节日。夏天的狗皮卖不了钱，干脆刮了毛连皮吃，狗肉给胡乱剁成块，红烧了，狗心狗肝狗肺狗腰子狗肠子也都给拾掇干净，用大蒜炒炒吃了。到了晚上，除了我，所有吃狗肉的人都上吐下泻，那些没吃到狗肉的大人们有点幸灾乐祸，分析了两条病因：一、按江南习俗，夏天不能吃狗，狗肉宜在寒冬腊月下酒；二、狗的内脏是不能吃的，不是有狼心狗肺的成语吗？古人用此来形容人心之毒，众人皆病独我无恙，就我一人吃了狗肺太平无事，莫非我的心肠更甚于狗肺？

二

江北为阳，江南为阴，江阴之名大概由此得来。

江阴有小山，多半挨着长江，出名的有黄山，有鹅鼻嘴——如一根长长的鹅脖子伸入长江，将宽阔的江面顶成一股细长的激流，属上海至江阴的长江最狭窄处，所谓江尾海头，因而成为军事要塞。从明朝起，黄山顶上就设有炮台，像一口口巨大的平底锅，里头架着红衣大炮或榴弹炮，平摊在几个重要山头，炮口居高临下地瞄准江面。

江阴县城为澄江镇，普通的江南小城，老祖宗留下的护城河、城墙大半犹存。城里似乎没有什么特色，毫无悬念的小街小巷里，点缀着几座普通的石拱桥，几座高大的贞节牌坊。典雅的有一个陈家花园，微缩的亭台楼阁，小桥流水，精致玲珑，但也不过是模仿了苏州园林的一角。城内唯一的宝塔兴国塔倒显得雄壮粗犷，但塔尖不知被哪个军阀还是哪个海盗用大炮轰塌了半边，变得像一把挂满泥锈的出土断剑，倒刺着一方青天。小时候去那里，仰望着在塔尖盘旋的老鹰、乌鸦，总有几分毛骨悚然。

江阴人聪明好学，明清两朝的皇帝都把江苏学政衙门设在江阴城中央。偌大一个江苏省，遴选官吏的学政衙门竟放在小小的江阴县，可见江阴是个出人才的风水宝地。学署中有一幅楹联为：进退一心严，此即是礼义门路；文章千古共，果谁能入室升堂。典型的一个读书做官论。自隋唐始，九百二十年的科举会考中，江阴给封建朝廷输送了四百十五个进士，奇怪的是其中没一个状元。

江阴人不怕死，明朝覆灭之际，三十万清兵围困江阴，江阴人在一个小小的典史阎应元带领下，血战八十一天，杀死王爷四个，清兵六万，直至粮尽弹绝，连数百个小孩子都赤手空拳上阵肉搏，最后城破，清兵屠城三日，被戮者、自尽者十七万余人，无一乞降者。那口碧波荡漾的四眼井内，就有四百多个不怕死的江阴人接踵跳入自溺而死（可参看我父亲所著的长篇小说《血洗江阴》）。

江阴人出名的有大探险家、大地理学家徐霞客，大文人刘天华、刘半农等。还有什么名人我记不清了，谁若有兴趣去翻翻《无锡名人辞典》那就知道了，不过那本辞典的初版将我父亲赵沛的性别定为“女”。

如数家珍地搬出江阴的名人典故，这是小城人的特点，我也未能免俗，我毕竟生养在这个地方，她是我生命的一部分，是创造出我这个著名顽童的土壤。有谁误解我在为自己脸上贴金只管误解。

家住大昆巷8号，昆即毗，不知为何将田搬到比的头上。巷子铺着青砖地，长约两百米，我家住在巷子的中部。8号原先是个地主的大宅子，深深的庭院里，本来住一个地主，后来住五六个地主。第一家不够地主的级别，属富农。走过富农家天井，进入第二家的堂屋，左边住一对老地主夫妇，右边住单身地主婆一个。再走过一个天井，便进入我家，我家貌似非地主，父亲还是党员，不知为何将我家塞到地主堆里，问父亲我家有没有监管地主的责任，父亲说没有。天井的一侧有一个很小的厢房，里边也住着一对夫妇，估计也是地主出身，张姓先生是老师，妻子是锡剧团演员，后来先生官做得很大。和我家共享一个堂屋的老头比地主的级别还高，解放前当过伪保长，属正在接受管教的四类分子。这是个高大强壮的老男人，红光满面，鼻梁上架着眼镜，见谁都谦恭地低着头，不知为什么大家都叫他“季先生”。

大宅里除了五六间寝室铺着杉木地板外，余类如天井、侧厢、堂屋均铺着青砖地。砖的铺法非常讲究，天井里的青砖窄窄的砖肩朝上铺，堂屋里的长方形青砖平着铺，侧厢里的青砖最漂亮，全是清一色大而平整的正方形青砖，泥瓦匠为何把最大的青砖铺在安置小妾或佣人的侧厢里，至今不得而知。

在我家的阳台上还摆着一块从老屋里搬来的大青砖，在砖的一侧刻着一行精美的款识：大清咸丰六年苏州知府监制。许多老人说：此砖便是书上记载的“金砖”。我敲敲，看看，泥巴做的，找不出一丁点金子来。显然，泥巴砖的同伴曾荣幸地进入大清王宫，沾了点皇气，不可排除皇帝及文武大臣的脚气，便可贵称为金砖。

江南雨多，宅子又苍老，房里房外不时散发出一种阴湿霉烂的味道，虫子喜阴湿，随便翻开一块砖，便可见乱爬的多脚虫、烟丝虫、弹子虫，尤其雨停后，湿漉漉的天井里往往爬满了几十条鼻涕虫，白花花的一片。对付蜒蚰的最好办法是往它身上撒盐，盐一沾身，蜒蚰肯定会化为一摊鼻涕，但盐贵，一般是用开水烫死了事。

宅子里唯一好看的是相隔堂屋的落地杉木长窗，一个个方格上贴着大大的鱼鳞片，太阳一出来，鱼鳞片就给照得银光灿灿，上面还滚动着红黄白紫的光晕，炫人眼目。说起来也怪，除了我的老家外，我至今没见过谁家的长窗上贴着鱼鳞，那么大的鱼鳞，是什么鱼身上的？鲨鱼，还是鲸鱼？

推开侧厢旁的小门，便进入一条细长的内巷，浓密的薜荮藤、凌霄花、何首乌乌云般地堆积在一起，几乎遮住了内巷的天空，抬头只见天空又细又长。每到夏天，薜荮上便结满了状

如秤砣的果子，我们管它叫“鬼馒头”，即鬼吃的馒头，人却不可尝。凌霄花则朝天怒放，花色艳丽得俗气而诡谲。何首乌藤最粗的有如小儿手臂，我曾顺藤掘出过几个汤碗大的何首乌，卖了五分钱。我认定内巷里有书上记载的人形何首乌，在瓦砾堆里掘了几回，但都无功而返。

小巷的东边是口水井，整个老宅人的吃喝洗涮用水均出自于那个麻石井圈，井水冬暖夏凉，夏日里，在井里浸泡过的西瓜最为可口。往北走便可进入那片巨大的废墟，那里也能找到五六口水井。我最喜欢的一只井圈是青石做的，大，圆，井口被井绳勒出一道道光滑的深槽，我常把屁股蛋子吊在井圈里，两条腿吊在井圈外荡呀荡的，这样坐很舒服。可那儿也住着一个老地主，看见我就赶，说不准我往井里放屁。其实在他说以前我从没想过要往井里放屁，他说完后我有空就去井里放屁，憋也要憋个把出来，臭死老地主。后来“文化大革命”一开始，老地主就一头扎死在那口井里，臭了一井水，从此我再也不敢去那儿坐了。

后院的废墟里似乎蕴藏着无数秘密，大宅里的孩子有事无事都爱去那儿玩。挨了打，可把废墟当做一个避难处，赵歌挨打后就经常忧伤地躺在一间小破房子的屋顶上想心事。想找吃的，废墟里也有，每到夏天，光我家栽的两棵桃树上就挂满了鲜红的水蜜桃，还有乱长在瓦砾堆里的无花果、枸杞子，都可摘下来生吃。只有到了晚上，尤其是刮风的季节，废墟里似乎游走着无数个幽灵，什么古怪的声音都有，那时连我挨了打都不敢逃进废墟。

富农家的二儿子立顺瘦长，满嘴乱牙，这是个酷爱冒险的家伙，常把自己幻想成一个大侠，闯荡江湖，专事打抱不平，果然他十二岁时就偷跑到武当山去拜师学武，结果被父亲捉回来打了一顿。有一回他告诉我：他练过武，在野外的生存能力很强，可以在水里抓到鱼，在山上抓到鸟，就是在这废墟里他也能吃到蜂蜜。

我不信，要有蜂蜜早给我吃了，还会轮上你？

于是立顺马上吃给我看：他摘下一朵盛开的南瓜花，罩住一只正在采蜜的蜂子，然后故意夸张地舔舔嘴唇，把蜜蜂送进大嘴，上下颚敏捷地合拢。我还没来得及表示异议立顺就一口吐掉蜜蜂叫起来，随即一蹦半天高，像只受了惊的兔子。

立顺的父母闻声赶来了，把儿子拉回了家，不知他们如何给立顺治疗的，没过半小时，立顺又哇哇叫着逃到废墟里，说刚给父亲打了一顿，舌头上疼，身上也疼。

江南的父母大概笃信“儿女不打不成器”的古训，只要儿女一做坏事，所有的教育方法便精简成一个字：打！

十岁前的记忆朦朦胧胧，印象深刻的是皮肉之疼，即挨打之疼。当老师的母亲望子成龙，等我长到五岁就给我多报了一岁还不知两岁年龄，送进了江阴师范附小，结果把我弄成年龄最小的老三届，据我所知，年纪最小的老三届生也要比我大

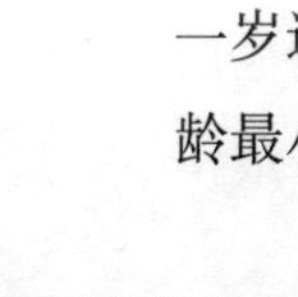

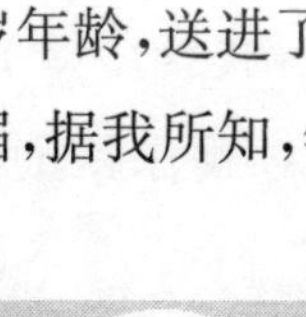

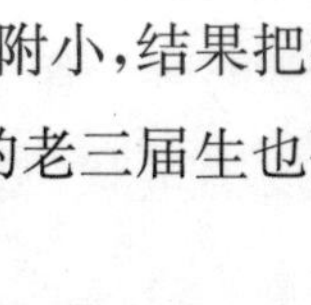

两岁。于是挨打的历史大概就从我上小学时开始。

班主任姓毛，毛老师，瘦，矮，眼睛特大，特别维护班级的完整统一，只要我一逃出教室，她宁可撂下几十个学生也要把我捉拿归案。一般情况下是我逃，她追，气喘吁吁的，手里的教鞭把空气打得呼呼响，但又不敢往我头上敲，只是虚张声势地喊着：打你，打你。

我老以为她在逗我玩，她越追我越逃得快，追到后来，毛老师会一屁股瘫坐地上喘粗气，可怜巴巴地哀求道：过来，真拿你没办法，过来呀，等会儿老师给你吃糖，给你讲故事……

有一回毛老师费了半节课工夫才把我捉住，押进教室，把我安排在第一排的正中间，然后在我对面的黑板上画了一只大眼睛，说只要你说话，做小动作，这眼睛就会看清你的一举一动，然后报告老师。

我盯着那只眼睛看了两天看出是假的，于是又开始在教室里捣蛋，或在墙上画小人，或把虫子塞进别人的衣服。有一回我想证明我有多么勇敢，叫来几个同学，我卸下一只灯泡，把手指伸进插座，试试过电的感觉，强大的电流顿时把我的左手狠狠打在门板上，同学的脸都吓白了。

我成为全班最差的一个学生，门门功课都是不及格。

毛老师为了挽救我，排演了一个小节目：舞台上，几个同学胸挂 5 分的牌子作勤奋学习状，我挂个 0 分的牌子在他们身后作调皮捣蛋状，然后同学们对我作帮助状，或教我做作业，或教我劳动，还对我边跳边唱了一首有关好好学习的歌，于是我变成了好孩子，脖子上的牌子由 0 分变成了 2 分，由 2 分又变成了 3 分、4 分，最后在欢天喜地的 5 分中结束。

正式演出那天，我父母也到学校来观看，我格外激动，不料节目演到高潮时出了个差错，当时我已经完成了由坏孩子变成好孩子的转变过程，不知是同学还是我自己拿错了牌子，本该挂个 5 分的，却把一个 2 分的挂在我脖子上，我毫不知情，深以为父母看了我的 5 分高兴，分外卖力地手舞足蹈，瞎蹦乱跳。台下的父亲气得脸色发青，只消看一眼我就知道父亲正在琢磨怎么揍我。

胡闹了一些日子，我又觉得学校里地方太小，没有外头好玩，干脆下决心逃学，每天背着书包到学校门口去晃一晃便溜进一条巷子，满世界瞎玩。

江阴虽小，但可玩的地方很多：可溜进书场听评弹，可坐在羊肉店门口闻香味，还可沿着东横河边捡铜钱，也可躲在废墟里捉虫，每天逃学都玩不过来。

父亲苦思多日，祭出一条防止我逃学的紧箍咒，即在我脖子上挂个小本本，上学前，父亲在小本本上写几点几分离家，到校后，毛老师一把抓过小本本，写几点几分到校。这法子果然厉害，我老老实实上了四天学，第五天我回家交小本本，父亲只看一眼，居然认出那几点几分不是毛老师的笔迹，于是我的下场可想而知。

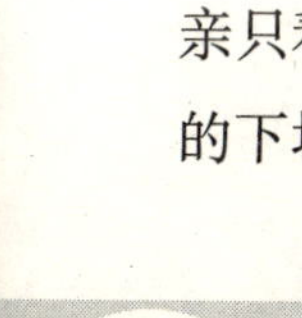
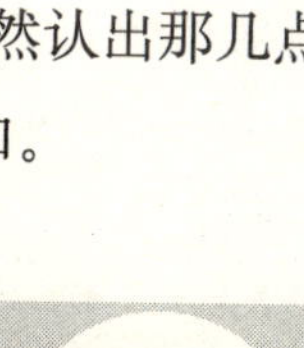
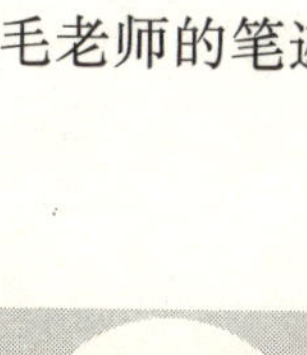

从此父亲彻底对我失去了信任感。

一天早晨，上学前我突然腹疼难忍，肚子膨胀如鼓。父亲冷冷观察半天，见我疼得满头大汗，不像有诈，这才叫母亲去学校代我请假，他自己则把我送进了医院。医生望闻问切，给我开的唯一药方居然是叫我赶快上厕所。我出恭完毕，果然疼痛感全部消失。父亲就在厕所里把我打了一顿，边打边骂：我早看出你装病，存心逃学……

其实那天我腹疼是真，逃学是假，但父亲已把我当做那个放羊的孩子，只会喊一句“狼来了”。

逃学的最严重后果是挨打，开始还每隔几天打一次，后来发展到平均每天打一次，我实在不想上学，甚至把书包藏到蚕豆地里弄丢了，有一回还夜宿在露天的戏台上，于是每天晚上我都号叫着从张家窜到李家，父亲眼睛瞪得像铜铃，举着一把扫帚或一张小板凳跟在我身后穷追猛打。

我号叫的声音很大，当然也有点夸张，没挨着也惊天动地，我老以为左邻右舍会同情一个挨打的孩子，会挺身而出来解救我，但结果是他们的眼神里分明都在说打得好，前院的富农老婆甚至在我逃跑的路上设置小板凳之类的障碍，以便我摔倒后让父亲捉住了死打。季先生则表现得像个谦谦君子，每当逃过他身旁，他竟会谦恭地说一声：走好。

有一回我给打怕了，也许朦胧评估出逃学的成本过高，乖乖地上了一天学，没料到那天放学早，我一回家父亲竟认定我逃学，二话不说，挥拳就劈头盖脑打来，这回我毫无逃跑的思想准备，给父亲一拳击中脸部，很疼，我哭着跑到母亲那儿去诉说委屈，万万想不到母亲与父亲一般见识，又给了我一顿打，然后一把耳朵将我揪回家，揪到后院的菜地里，与父亲合起伙来又打了我一顿。父亲还用锹挖了一个坑，说把这头逃学的畜生埋了他。

十岁前，我确实不想上学，不想读书，我天生是个懒惰的人，我十岁前就不是好孩子。

父亲狠起来是凶神恶煞，高兴起来却是嬉皮笑脸，完全没有一点父亲的架子，他可以爬在地上，让四个子女轮流把他当马骑，你当然也可以边骑边拍打他的屁股叫马儿马儿快点跑。他会一口气给你讲五六个稀奇古怪的故事，童话，笑话，鬼故事都有，当然故事多半是他自编的，讲起来表情极为夸张，唾沫飞溅，眉飞色舞，连说带演，经常被自己的笑话噎得上气不接下气，完全听不清他讲些啥。夏日里，当父亲光着膀子躺在铺板上午睡时，我们弟兄三个可以在他身上画小人，画马，画猪，画山水。有一回，我用红墨水成功地在父亲的光肚子上画了一群小人，醒来后，他比我们笑得还起劲，不擦，对着镜子点评哪个小人画得最好。

他自诩嗓音条件好，常带着我们姐弟一起唱歌，但歌曲永远是那一首：有一只猫咪坐在大树下，翘起了尾巴大声叫妈妈，妈妈，妈妈，我要回家……这词曲大概也是他自编的，因为

我从来没听别人唱过。

父亲从不干涉我们的种种冒险行为，比如你想摧毁一只马蜂窝，他绝对不会横加干涉，相反还会建议你戴上手套，再用毛巾包住脑袋。你想爬树，他会说爬小树没意思，要爬就爬大树、高树，爬得高才看得远，顺便他会教你半首唐诗：欲穷千里目，更上一层楼。如果你告诉他你想去洗冷浴，他只会问你在哪儿洗舒服，是去东横河还是长江，要去最好带他一起走。

我当然不会带父亲一起去洗冷浴，跟大人玩没意思。爬上黄山，冲到山脚下的芦苇荡里，青翠的芦苇顺着长江两岸疯狂蔓延生长，搭成了一座一望无际的青纱帐。芦苇荡里小动物多，闭着眼睛走进去，乱踩一脚便能踩到一只举着两只大螯的蟛蜞，荡子里几乎都是这种横行的家伙，慌慌张张的，像热锅上的蚂蚁一样，不知在忙什么。蟛蜞甲微苦，穷人家才把它一砍两半裹着稀面炸来吃，鲜美的是它的武器——两只利如剪刀的大螯，那是极好的下酒菜。昔日的江阴城中，经常可听见苏北佬短促的吆喝声：“蟛蜞螯，蟛蜞螯！”不知现在还有否？

我们在芦苇荡里捉鱼捉虾捉蟛蜞，玩腻了再换花样玩别的，比如拖水橇，一个光屁股坐在沙滩上，另一个拖着他两脚往前飞跑，浅浅的江水变成了最好的润滑剂，沙滩则比丝绸还细柔，人一被拖动，自己再不时用手撑地助力，那屁股蛋子便像擦了油一样飞快往前滑行，真是舒服极了。这个游戏的规则是必须光屁股，一穿裤衩，你就会失去那种极美极爽的感受。

玩腻了拖水橇还可以玩打野仗，游戏很简单，则分两组人，一组占领一个黄土坡，另一组则想方设法将对方拖下水，占领高地。方法不外乎是硬拽死拉，同时可以掷泥砣子，本来身处泥中，随便抓一把就成了武器，要是你运气好，抓到一泡人家屙的野屎，把它裹在烂泥中，就有如拥有了核武器，瞄准了一把掷出去，打得人家黑是黑，黄是黄，保证他自动放弃阵地跳下水冲洗。

护城河也是我们常玩的地方，往往是我和一个大男孩踩在一张木筏上，两人合力高高举起一个作展翅飞翔状的小男孩，用力将其掷入河心。被掷者可同时享受到鸟和鱼的乐趣。于是参加者很多，都要求被掷，在木筏上排成一条小队。有一回我掷顺了手，顺便把站在一边看热闹的赵歌也掷到水中，大弟不会游泳，连呛几口水才挣扎到岸上，然后边哭边声讨：你们谋财害命，谋财害命！其实他身上一个子儿也没有。

当我们玩得起劲的时候，父亲多半会跟踪而来，假装没看见我们，自个儿在一边游泳，自个儿在水中翻转沉浮，自娱自乐。他喜欢仰泳，白白的肚皮浮在水面上，可以看清肚皮上一串小铜钱似的刀口，那是胃部手术留给他的纪念。

游泳时最须防备的是有人使坏，记得有一个坏得快赶上我的小捣蛋，趁我泡在河里时偷走了我的裤衩，撒腿就逃，我发现他形迹可疑，跳上岸观察，发现裤衩失踪，断定疑犯是他，急忙追去，幸好那天河岸上无人参观，我赤条条地追击片刻，终于夺回裤衩。结果小捣蛋的下场十分悲惨，等他游泳时，我把他的裤衩踩进河底，上面还压了一块石头，然后悄悄上岸撤离，失去了裤衩的小捣蛋叫天天不应，叫地地不灵，只能一人呆在河里，实在熬不住了便用双手捂住裆部，光着屁股走过大街，钻进小巷。听说他父亲发现一只“赤卵狗”溜进堂屋，捉住其就是一阵死打。

小时候常为掉牙的事情苦恼，有时候一颗快掉的牙在嘴里吊了几天，上下左右都活动自如，但就是不往下掉。父亲一本正经地告诉我：让牙掉下来是天底下最容易的事，只要用根线绑住牙，一头拴在门的拉手上，再找个板凳坐着看书，人家一推门，牙就会连根拔出，没有一点痛苦。

于是我照此办理，找出一根最结实的钓鱼线在牙齿上缠了几圈，结牢了，然后把线的一头真拴门的拉手上，关上门，自己拿本书，煞有其事地坐在一把靠背椅上看书，牙上挂根长长的钓线。

大弟在门外问：好了没有？

我说好了，心里念念有词：我现在不是在拔牙，我这是在看书，看书……

大弟用力一推门，我顿时被尼龙钓线拽到门板上，把门撞得嘭嘭响，疼得鼻涕眼泪直流，那只快掉的牙还是好好地吊在牙床上，还是一副快掉的样子但决没有掉下来。

洗澡时发现胸口的正中长了一个肉疙瘩，蚕豆大小，不疼不痒，不知是身上的什么零件，赶紧叫父亲过来看，父亲看一眼便不以为然地说：赵家门里最不稀奇的就是这东西，我身上有，你妈，你姑，你叔叔身上都有，这叫痦子，到时候长大了一刀切掉就行。

父亲说的到时候不知是什么时候，现在蚕豆大还不是时候，长成鸡蛋大那就是时候了？我有点怕，这东西不想它就没有，一想它就越想越痒，甚至还有点疼，于是我决定由我自己来切掉它。

我从妈妈的剪刀堆里挑出一把最大的，在刀刃上涂了点碘酒，然后把剪刀交给大弟，要他担任主刀医生。我脱光了上身衣服，一手按胸，一手把痦子揪得老长，命令大弟赶紧下手。赵歌双眼圆瞪，嘴唇发抖，双手也在抖，我骂了几句他才用力剪动，没料到那把大剪刀平时我们用它剪铁丝剪螺蛳屁股，中间的轴已经松松垮垮，两片刀口不对称地合拢，结果只是把那颗痦子连夹带剪地弄破了一个小口，鲜血直流，我疼得死去活来，大叫一声。父亲听见了过来看，一把捉住了赵歌就打，大弟鬼哭狼嚎起来。

一般都是这样，我带着大弟一起做坏事，被父亲发现后两人一起挨打，一起逃跑，但我脚快，多半是我胜利逃脱，而赵歌总成为挨打的倒霉蛋。好在赵歌喜欢叫，父亲随便往空气里

打一下他也会叫得吓死人。我给他起个外号叫“刺毛虫”，还叫鼻涕虫，他鼻子上总挂着两条龙。

听大弟的嗷嗷叫声，我看看镜子，拿起剪刀，毫不犹豫地将痦子剪了下来，剪得非常完美，至今胸口只留下了一个小小的伤疤。我对自己也下得了手，一个能对自己下手的人无疑也会对别的更不用说动物下手，这是我写到这里才产生的感想。我至今不认为当时我给自己手术是一种勇敢的行为，我觉得那样做有点暴力，暴力是我与生俱来的，还是后天被灌输的？我至今不得其解，也许，当时我骨子里还是崇尚父亲，认定父亲之言一刀切掉是件极容易的事。

事后，为了对挨打的大弟表示慰问，我把我在一棵树根下挖出的两颗蛋以两分钱的价格卖给了他。那蛋比鹌鹑蛋略小一些，呈淡灰色，点缀着一些细小斑点。我认为那是蛇蛋，只有蛇才会下蛋，这两颗蛋又在泥中掘出的，而蛇正是躲在泥洞中。大弟如获至宝，上学、睡觉都把这两颗蛇蛋揣在怀里，还不时拿出来在同学面前炫耀，最后给他不小心摔破了一颗，从破碎的蛋壳中钻出一条浑身长着毒毛的毛毛虫。

小弟赵星长着一个特大特聪明的脑袋，几乎门门功课都是一百分，又是典型的“乖囡”，从不参与我的任何破坏行为，对我的种种诱惑总是翻白眼，甚至嗤之以鼻，在我的记忆中，他从没挨过一回打。

姐姐赵践所谓品学兼优，得过江阴一中当年唯一的“雷锋”奖，因此在家里极为猖狂，颇有半个妈妈的味道，给我们三兄弟洗起澡来，她叫我们站在天井的一角里，先用大桶大桶的冷水泼，再用一把长柄板刷刷。那猪毛刷子又糙又硬，刷一下就像小刀子刮，可恶的是我们越叫疼姐姐越刷得欢。

为了显示自己的老大地位，姐姐还经常装模作样地抓着一把被拍威胁我们，那中国结状的藤条被拍是父母惩治我们的专用刑具，我几次将被拍偷出去扔到后院里又被父亲找回来接着用它揍我。其实父亲不太使用被拍，他是十八般武艺样样精通，手边有什么就捞起什么打，唯一的一次揍赵践使用的是马桶刷，但姐姐溜得比兔子还快，没打着就钻到桌子底下，吃饭都不肯出来。

我记得我二十岁那年，又做了件什么坏事，父亲正在蹲马桶，听说后立即抓起马桶盖掷了过来，那马桶盖给父亲掷得像飞盘一样溜溜转，我身子一偏，马桶盖擦肩而过，外套都没挨着，此后父亲再没打过我，不知为什么，也许是我成人了。

赵家门里数我顽皮，挨打最多，叫声喊声哭声也最为响亮。无疑我在诉说委屈，寻找同情，渴望抚慰，但唯一声援我的只有老外婆，也许我姓外公姓，也许外婆从父亲做招女婿进门那天起便看不顺眼，我听说有一位亲戚竟穿着一身白衣白帽的孝服去参加父亲的婚礼，在父亲的大喜日子里用一身孝服下了一个毒咒。于是我得到了外婆的厚爱，似乎只有她来给我递一条擦泪的毛巾，舔一舔伤口，用她不停的絮絮叨叨化

作一把把软刀子去伤害父亲。但不幸的是从此我留下一个恶劣的品性，长大成人后我喜欢叫苦叫累叫病叫饿，当然谁也不爱听无病呻吟，连遭痛击，于是自我镇压了多年，现在可以说，五年前，我已改邪归正，我已能打落牙齿往肚里咽，已能在默默地承受艰难的过程中收获到快感，我已走向成熟并接近衰老。此时有感而发，不一定正确，其中的机理，也许只有人类行为学家或心理学家才能作出科学解释。

在小学里同学不敢打我，因为我比他们野。有一回课间休息时，有两个高年级同学把我推到沙坑里，轮流把我当马骑，还要我学马叫，于是我用一把自制的木头驳壳枪，把两个高年级同学打得头破血流。

老师也很少打我，有一次造句造一个“比”字，我写“美国鬼子比老师还凶”。那个老师一看就给我吃了一个毛栗子，很疼，所以我到现在还能记住。

疼痛的优点之一是让你记得这疼痛，还有一回是我又用左手写字，我是个天生的左撇子，左手吃饭，左手开门，左手下棋，家里看我左手用得烂熟，从不管我，小学一年级到三年级的老师也不管我，我快快活活用左手写字写到四年级，终于碰到一个厉害老师，一见面就说：钱五一，不准你用左手写字。

我说：不准用左手写字，学校里有这个规定吗？我都写到四年级了。

老师说：现在有了，以后只要你用左手写字，我就打。

我以为班主任是吓吓我的，照样在他上课时用左手写字，班主任二话不说，冲上来就给了我一个大耳括子，打得我眼冒金星，半边脸又肿又麻。回家后父亲摸着我的脸问我，我实话实说，父亲只用鼻子哼了一下，什么没说，不知什么意思。但后来我就不再当众用左手写字了，无疑被那个大耳光打怕了。

父亲也有心疼我的时候，有一回我在家里的靠背椅上玩，不知怎么把头钻到靠背的另一边去了，左转，右转，总被档子卡住，脑袋就是缩不回来，我就这么脖子套着椅子在家呆了半天。父亲回来一看，哈哈大笑，欣赏了几分钟，抓起一把榔头，居然将一把好好的榉木椅子敲得七零八碎。脑袋终于完好无损地脱险，我乖乖地呆在一边噤如寒蝉，心想这回又免不了一顿打，没料到父亲只关心如何将椅子复原，不再理我的事了，我如释重负。事隔多年后，姐姐告诉我：父亲小时候去钻一个墙洞，也是脑袋过去了身子过不去而脑袋又缩不回，也是大人把墙拆了父亲才救回脑袋，我这才明白，原来父亲和我是同病相怜。

真正知道父亲爱我的是十二岁那年，那天我用汤勺装着一块牙膏皮放在煤球炉子上烧，等牙膏皮熔化成一个铅砣子，我剪下一块放在铁墩上捶成一片晶亮的小铅片，然后把铅片包在一只中号鱼钩的上部。我包扎的手艺很好，上了铅砣的鱼钩很漂亮，上线的时候我用牙齿助力来回拉扯，一不小心鱼钩滑进了嘴，大概鱼钩的本质就是喜欢和嘴接触，不管是鱼

嘴、人嘴，还是什么嘴。尖利的钩子顿时扎进了我的下嘴唇，我用两指抓住了鱼钩往外拉，岂料那鱼钩带有尖尖的倒刺，越拉便扎得越深，于是我只能嘴上挂着鱼钩和鱼线去找父亲救命。

父亲一看我这副样子先笑，说：有本事，自己既当渔夫又当鱼，说完他便信心十足地给我摘鱼钩。但他在我嘴里折腾了几分钟，只折腾出一嘴鲜血，这时他开始流泪了，脸挨得很近，我看着他大颗大颗的泪珠竟从眼窝子里往外滚。父亲给我卸鱼钩大约卸了半小时，泪也流了半小时，我居然连疼都忘了，心里只想着以后做了坏事，是不是再把鱼钩扎在身上别的地方。

侧厢旁的内巷连着后院，后院通向废墟，废墟那头连接着大巷及几十户人家，因此细长的内巷便成为一条通道，来往的人很多，每天早晨，嗵嗵的脚步声便会把我从睡梦中吵醒。我总盼望看一个白脸蛋的大姑娘从我家窗前走过，那姑娘个子很高，蛋脸白得没一点血色，眉毛如黑漆又弯又细，腰部垂着两条大辫子。我不知道那姑娘叫什么姓名，也不知道她家住哪里，只知道她妈是倒马桶的，即每天早晨她妈妈拖着马桶车在巷子里喊“马桶，倒马桶”，于是家家户户便提着各式马桶走向粪车，然后把粪便倒进粪车，再把马桶刷洗干净。那姑娘经常帮她妈妈涮马桶，只要她来，我就比谁都勤快，马上提着自家的红漆马桶往外奔。我喜欢看她提着马桶微微扭着细腰走向粪车的样子，那腰真是好看。大弟至今都在说我暗恋她，我坚决否认，但我喜欢看她却是事实。

水井东头新搭了一个小小披间，新住户是江阴城里大名鼎鼎的疯子张三妹，张三妹是怎么疯的？流传的版本很多，有人说她老公是个虐待狂，稍不顺眼，就一把抓住张三妹往死里打，也有人说这对夫妻因感情太好太深太怕失去对方相反导致破裂，张三妹顿时精神崩溃。我听说的一个版本据说最接近事实：她老公见她生下一个女儿便将她抛弃了，于是张三妹发疯。

这是个精力旺盛的干瘦老太，枯干如常年竖在田头的稻草人，两眼像小探照灯一样灼灼放光，一口黑牙。平日里我远远看见她背影就会绕道走，现在搬来了，我路过她家时，手里非得拿一块砖，只要看见她家门开着就把砖丢进去。有一回我连丢五六块砖她也不出来，屋里居然没有一丝动静，片刻后，隐隐传来一阵似哭似嚎的怪叫声。我又砸了一块大石头进去，只见张三妹暴跳到门口，张牙舞爪地朝我扑来，我转身就逃回家，随后又带着大弟来用棍子把张三妹吓进门。

那年头，小巷的旮旮旯旯里偶尔会冒出几个蓬头垢面的乞丐，十有八九是一江之隔的苏北人。每当逢上，父亲总会掏出口袋里的零钱，有一回竟慷慨地给了一个老乞丐五毛钱，老乞丐也许从未收获过如此巨款，连声谢谢都没说，抓了钱就跑，我说：这钱还不如给我买糖吃了好。

父亲冷冷说：花五毛钱去买一声谢谢那是买，那有什么意思？谢和不谢没什么两样，他要这笔钱，他得到了；我想要付出这些钱，我付出了，我付出了就得到了一种快乐……这些话我一直记了许多年，但童年时期的无知、偏执却让我无法理解一个精神失常者的心理，一次次伤害张三妹，误以为她是我不共戴天的敌人。

无疑是精神错乱，她至少袭击过我两次，一次是我刚把一个削了皮的苹果往嘴里送，突然从背后伸出一只手，一把将苹果抢走了，强盗，便是张三妹。另一次是我正在拱桥边上看枪毙人的布告，张三妹不知为何突然在我的后脖上狠狠拧了一把。不知为什么，张三妹对我仿佛怀有深仇大恨。

母亲见张三妹缺衣少吃，便经常叫我送一些东西去，而我总找借口拒绝。有一回过节，母亲做了几个菜，每碗拣出一点凑成一碗，叫我给张三妹送去，于是我一手端碗菜，另一手还是抓块砖，小心翼翼地推开张三妹家的门，只见屋里脏乱得像个垃圾窝，披头散发的张三妹就坐在一堆烂稻草上，一个梳着两条长辫的姑娘正在给张三妹喂饭，张三妹还犯刁，几次饭送到嘴边都给她伸手打翻，那姑娘倒也耐心，打翻一次就再送一次。姑娘长得很秀气，不知是谁，我把菜往地上一放赶紧回家问母亲，母亲说：那是张三妹的女儿。

大宅里的故事似乎一时讲不完，如果把一个个人物演绎成戏或长篇小说，我觉得会比《七十二家房客》更好看，不过我们大宅里发生的故事多半是悲剧，我十八岁前的经历也十有八九属坏人坏事，上小学时的唯一的亮点是救了一个小男孩，那天我和赵歌去东门外河里捉螃蟹，路过双桥时，发现桥下台阶上有一个小女孩嘤嘤哭个不停，河里漂着一双木拖鞋，一个上下浮沉的小男孩，我想都没想，便从桥面上跳到河里，河水很急，但熟悉水性的我却毫无危险，一手抓住小孩胳膊，一手划动水面，很快就把小孩救上了岸。

这时大人们赶来了，一个中年妇女以为我是小男孩的哥哥，破口大骂：畜生，怎么管不好自己的弟弟，差点淹死。

我真正的弟弟赵歌躲在一边偷笑，似乎人家骂他哥他很痛快，也不出来说个明白。

事隔多年后，深信因果报应的大弟才一本正经对我说：幸亏你救了那个小孩，要不抵消不了你作的那些孽。我不以为然。除此之外，我最多扮演了小调皮、小捣蛋之类的角色，直到我升入江阴一中上了一个学期学以后，轰轰烈烈的“文化大革命”开始了，我便也跟着轰轰烈烈起来。

三

1966 年夏天，记得我刚参加一中附近的农忙回来，学校突然不上课了，几天内，教室里、走廊上便贴满了大字报，内容，除了毛主席语录，就是你骂骂我，我骂骂你。仔仔细细看了几天，我得出三条结论：

一、毛笔字写不好的人不能写大字报；

二、平时作文不及格的人也不能写大字报；

三、你看谁不顺眼，谁平时不让你抄作业，谁喜欢给老师打小报告，谁脸上的一颗痣长得不是地方，只管写大字报骂他的十八代祖宗。

当时我很想写一份大字报严厉责问我家的邻居季先生：我挨打的时候，你为何总堆着一脸假笑？但一想这种大字报若贴在家里，肯定又要挨父亲一顿打，只好作罢。

体育场上燃起熊熊大火，锡剧团、京剧团、评弹团打开仓库，把帝王将相的服装道具和收缴来的“四旧”物资包括几十口棺材，统统堆在一起用一把火烧了。火场周围还团团跪满了地富反坏右及走资派，大火烧了一天一夜，小镇的夜空像蒙上了一张巨大的裹尸布，红黑间杂，飘浮着大团大团的烟雾浮灰。

家里也在烧，外婆鬼迷心窍，也许是积累多年的宿怨终于像火山爆发，居然伙同一个亲戚向省作协检举我父亲是地主分子，于是父亲在南京立即受到隔离审查。消息传来，外婆心满意足，脸上顿时多了一种阴阳怪气的笑。母亲吓得六神无主，整天担心红卫兵抄家，赶紧翻箱倒柜，烧了一套线装的《金瓶梅》，那套书给父亲秘藏在大衣柜顶上，其实我早已偷看过。母亲同时还烧了两张古画，似乎其中有一张线描的春宫。火场就设在小天井里，母亲用一把长长的火钳夹着那套旧书在火堆里翻转，薄如蝉翼的黄纸顿时给火焰吞噬。我决定把自己的象棋和军棋烧掉，可刚把棋子扔进火堆又开始心疼，赶紧给自己找理由：这棋子是论资排辈的坏东西，还搞什么封建的将帅，烧了痛快。

就这样烧火堆太小，不过瘾，我又和大弟搭梯爬到堂屋顶上，把一个平时就觉得阴森森的祠堂卸下来放在火里烧，火势顿时猛烈起来，一下子蹿上了屋檐，天井变成了一个喷着浓烟烈火的大烟囱。祠堂里有一些黄色的小木牌，上面写着细小如蚊的毛笔字，一烧便散发出一种浓郁的异香。

隔壁的老地主嗅觉灵敏，过来说了句：这是檀香木，可以卖钱的。

我赶紧从火堆里抢出几块送进中药店，药店老板一看一闻一秤，说一角五分一斤，两斤，给你三角钱。出乎意外，我发了一笔小财。

母亲仍然害怕，搜索一夜，又发现家中的藏书是隐蔽的大祸害，于是从书架上挑了一些坏书，我挑一担，她背一袋，送进了废品收购站。

收购站的人说：纸封面的一角一斤，布封面的只能算七分一斤。但如果你把布封面扯了，也可算一角一斤。

我一看有二十本民国版的《世界文库》是布封面的，急忙去撕，母亲劝了一句，又不劝了，由我乱撕瞎扯，那书已老旧，但封面糊得真结实，我必须用脚踩书，两手一起用力才能撕脱。收购站的人看我忙得一身臭汗，果然承诺，每斤书多给了三分钱。

回家后母亲还不放心，又搜罗了一番，找出一对高足的银痰盂，两只银烛台，十双银筷子，全部拿到银行去换了钱。

后来母亲告诉我：父亲蹲牛棚的时候，家里很困难，当时她还收藏着三十五只戒指，全给她分别卖了，翡翠的不值钱，最贵的一只通体碧绿，如一滴清水，卖三块；金戒指值钱些，有一个金砣子母亲卖了三十块，如此我们一家七口——四姐弟、妈妈、外婆、阿姨在那段最困难的日子里才有口饭吃。

家里凡是跟“四旧”沾点边的东西卖的卖了，烧的烧了，父亲闻讯后惊恐万状，立即设法回家营救他的宝贝，幸好他因病切除了一个肾脏便找借口另一个肾脏发病，也幸好管教他的人还有恻隐之心，不想让我父亲失去两只肾，准了假，于是父亲便以养病为名从南京逃回老家江阴。

回到家里，一看空了一半的书架，父亲就开始流眼泪，母亲干脆哭出声来，说：怪我，都怪我……母亲这辈子给我留下最深印象的就是两个字：怪我。饭烧糊了，她会说：怪我。屋檐上掉下一片瓦来，她会说：怪我。四个子女三个插了队，她会说：怪我。那天打了一个响雷，外婆吓得一哆嗦，闪了腰，母亲也会边扶外婆边说：怪我……瘦弱的母亲，患有肝硬化的母亲，总想把这个家的所有灾难都扛在她肩上。

到了晚上，侧厢房里突然传来叮叮当当的异响，我悄悄地把头贴到门缝上窥探，只见父亲龟缩地上，泥汗满面，用切菜刀把地上的青砖一块块地撬起来，挖了一个很大的洞，然后把《莎士比亚全集》、《约翰·克里斯朵夫》之类的书用塑料纸包起来，一包包地藏在洞里，上面再盖上泥，盖上青砖。

那天晚上，父亲变成了老鼠，除了在地上打洞外，还在墙上打洞，就是为了藏那些书，显然，父亲也怕抄家的人。

父亲在家，我不敢轻举妄动，等他一走，我又在家里仔仔细细地搜寻了一遍，找出两只刻寿字的铜脚炉，一只雕龙的铜火锅，抬头见母亲一脸的疑惑，赶紧吓唬母亲说这都是些封资修的坏家伙，卖钱比抄走好，东横街上已被炒了好几家了，抄走的“四旧”物品拖了十几板车。母亲赶紧连连点头，又提醒我说这脚炉火锅都可用，收购站会收这囫囵家伙吗？于是我拿起东西就往石墩子上砸，那脚炉是白铜的，砸几下就碎，火锅却是用紫铜铸的，连砸几十下连块碴子也不掉，好在也砸得歪七错八了，我拎到废品收购站去卖了五块多钱。

在废品收购站卖东西的人很多，排着长队，个个像小偷销赃似的，把要卖的东西或藏在怀里或夹在破报纸中，怯生生地东瞟一眼西瞟一眼。收购站的人则神气活现，有一个家伙手里握着一把大锉刀在锉一个金戒指，锉一下便说一句：是金的吗？接着再锉，我想等他鉴定完毕，这只金戒指恐怕要变成金粉了。

又过了几天，抄家的人果然来了，举着大旗小旗，呼啦啦的，一大群戴着红袖章的人冲进天井。

我想完了，要来抄我们家了，急忙去报告母亲，母亲吓得躲进了侧厢，我则留在外头打探动静。

只见那群红卫兵在天井里喊了一阵口号，径直进了老地主家，原来他们抄的是老地主家，不是我家，机会难得，以前我还没进过老地主家的门呢，我赶紧挤进老地主家门去看热闹。地主婆狠狠瞪我一眼，眼光毒得能杀人，我只当没看见，钻进人堆，继续参观红卫兵的搜查。

大衣柜、五屉柜、碗柜、箱子几乎都翻了个底朝天，没有找到一件让人激动的东西，爬上老地主家的阁楼才让所有人吓一跳，阁楼上堆满了白生生的脚丫子，不知是人体标本还是什么东西，拿起一个敲敲，梆梆梆，木头的，原来是木头楦子，老地主家原来开过鞋厂。

那天从下午抄到晚上，除了没上房揭瓦外，每一寸地皮都查遍了，但只搜到一堆跟我家相仿的旧铜器、一套团花绸缎寿衣，没几件“四旧”的东西。

红卫兵仍胸有成竹，不慌不忙地商量了一下，先给老地主“坐飞机”，老地主坐了约摸有个把小时飞机，还是一口咬定什么也没有。有一个红卫兵就临时糊了一顶高帽子给老地主戴上，再往他身上套根绳，大声嚷嚷着牵他去游街。

老地主一听就吓坏了，原来老地主自尊心强烈，极爱体面，平日里小八字胡总是笔挺，头发也是一丝不苟，脸上总是白白净净的，赶紧交代说：有一箱东西藏在菜地里。

于是我和赵歌跟着红卫兵冲进了废墟，借着月光和手电光，在老地主吞吞吐吐的指点下，红卫兵掘出了一个小箱子，打开盖子，满满一箱的金条、金元宝、金戒指及各种金银首饰，满眼的珠光宝气。红卫兵大获全胜，捧着珠宝箱就走。

地主婆急了，抬着两只三寸金莲追到红卫兵身后，说：金子拿去，把寿衣还给我。

一个红卫兵说：寿衣？什么寿衣？你想给谁祝寿？

地主婆哭了：我进棺材穿的寿衣，求求你……

红卫兵：你进了棺材还想长寿啊？做梦吧你。再哭我把你一起带走。

老地主赶紧搀着地主婆回家去。远远听见地主婆又号啕大哭起来。

我和大弟还留在菜地里，看着那个埋箱子的坑发呆。大弟用手测量了一下，说这个坑离我们家的菜地只有一尺，老地主为什么不把珠宝箱埋在这儿却要埋在那儿呢？老地主是不是跟我们家过不去，他记性有那么好？要是埋在这儿那不就……

我说：是啊，我们天天在废墟里玩，就怎么没有一点阶级斗争的警惕性呢？怎么忘了监督老地主？

兄弟俩长吁短叹了一番，赵歌又找来一把锹在菜地乱挖了一气，当然是一无所获。

红卫兵不抄我家的原因非常简单，就在那几天里，我姐姐突然荣升为江阴一中红卫兵的总司令。我猜不出赵践怎么能爬到如此高的位置，我家是自由职业成分，按当时的规矩加入红卫兵不够格，只能当“红战友”，即红还是红的，但不是非常红，或许是浅红，或许是粉红，差那么一点，只能当红卫兵的战友，不知谁发给我一只袖章，我兴奋极了，戴着红战友的袖章跟在红卫兵的后头瞎闹了几天，发现自己像个跟屁虫，于是把袖章扯下来扔了。

姐姐从未参加过打砸抢，只擅长唱语录歌、跳忠字舞——有一天她和几个女生跳到深更半夜还在跳，我困不过，又冷，又不想独自回家，姐姐就叫我钻进一只装道具的大布袋睡觉，她把袋口松松系好，以便让我透气，我一觉睡到天亮醒来，发现那些姐姐们还在跳，比眼下嗜好蹦迪的疯女孩还疯。

姐姐是怎么当上总司令的，至今还是个谜，也许是她成绩好，也许是她嘴皮子厉害，说起话来清脆响亮节奏极快，像一挺不停发射的机关枪。我见过她当时拍下的一张照片，以姐姐为首的四个少女各穿一身军装，头戴军帽，胸口挂着大大的毛主席像章，挺胸昂首，目光神圣深远，一副誓死捍卫的样子。

母亲越想越害怕：丈夫又进了“牛棚”，女儿在外头疯（母亲总把不干好事视为疯），想管也管不了，她甚至担心女儿会带人来把家抄个底朝天，于是把我和大弟留在家中驻守，她自己则带着赵星逃到上海去投奔舅爷——一个一级工程师，似乎是上海电机厂厂长。可一到外滩母亲便吓坏了，舅爷头上戴着一顶很高很高的帽子，帽顶上还系着四根绳子，分别拴在四顶比其稍矮的高帽子上，手中拿着一只撮箕，一个扫把，咚咚敲着，边游街边喊：我是资产阶级反动学术权威……

母亲不敢久留，连舅爷家门都没进又逃回了江阴。我至今也没有弄清楚，教了一辈子语文的母亲，怎么会认定大上海比江阴小城安全。

赵歌在废墟里寻宝多日，终于圆了他的发财梦，对门的季先生大概也怕红卫兵来抄家，偷偷把十几个国民党的徽章丢进废墟——果真是复辟之心不死，要不他把另一个朝代的所谓荣誉藏着掖着干吗？赵歌把那些铜徽章砸扁了，拿到废品收购站去卖了两毛钱。

我参观过一次抄家活动，红卫兵抄学校附近的一个大户人家，主人好像是个基督教徒。学生们一进他家门便用棍子将耶稣塑像和一些花瓶打得稀烂，然后开始搬家式地大搜查。抄出的“四旧”物品中，奇形怪状的西洋东西多，我只对两张钢丝床感兴趣，红卫兵也赞叹不已，在当时看来，那是何等奢侈的家具啊，整张床用几十个一尺高的钢丝弹簧组成，完全是一个超级大弹簧啊。

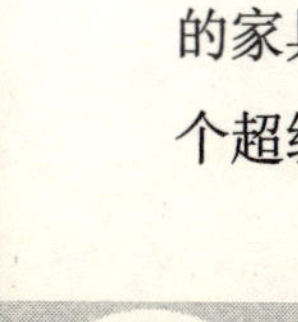
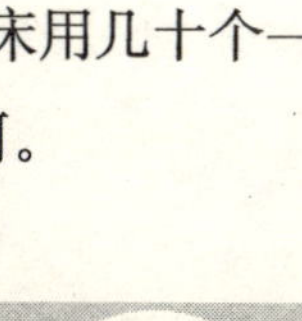
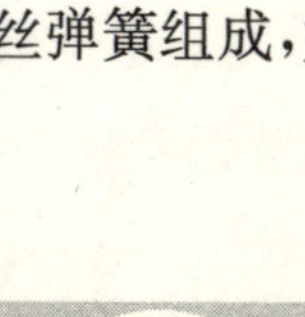

我不再关心红卫兵的翻箱倒柜了，赶紧在床上铺了条棉絮，后退十几米，冲刺到床上，果然一蹦老高，于是我弹起来又落上去，落上去又弹起来，嘴里还大喊大叫着，足足蹦了一下午，十多年后才知道那床叫席梦思，如今拖板车的家中都有。

日子一天天地过去，我慢慢发现了红卫兵袖章的神奇，只要戴上它，就好比戴上了那只神奇的魔戒，完全可以不遵守一切规则。你想在一个道貌岸然的老师头上摸一把，那就只管摸吧，摸了那老师保证还给你赔笑脸。你想在学校大礼堂的讲台上随地大小便，那也只管去拉，只要你不怕羞。上述文字绝不是瞎比喻，我曾到老师的办公室去倒一杯开水喝，可接连打开几只热水瓶，瓶里满满装着学生的尿，臭得我想吐。

夜宿教学楼三楼的学生把大便拉在报纸里，然后将其包扎成规整的礼品盒，外糊大红纸，分别赠送给老师。许多老师认定其中有鬼，扔在一边，不拆礼品，只有刘老师感动得唏嘘，连声说破费破费，不必如此客气，恭敬地打开礼品盒，其结果是差点晕倒。

江阴一中的耿校长，一个威严的白面书生，我亲眼看着他被几个女生用印传单的红蓝油墨刷了一头一脸，女生还命令他不准清洗，带着一脸厚厚油彩回家去，耿校长连连点头称是。我悄悄跟踪了一会，发现耿校长果然言行一致，竖着那张狰狞的大花脸，走了半条街，不知那张被油墨遮盖住的嘴脸上是什么表情。

我做了些什么呢？

当然我不会自甘寂寞，每天都脚不停手不空，没有一秒钟闲着。

远远看见老师走来，我就把教室的门半开半掩，门楣上搁一只装满垃圾的撮箕，如果找不到撮箕就用饭盒代替，只要在饭盒里装水，效果便可同前者一样。等老师一推门，垃圾或冷水就会凌空飞降，落得老师一头一脸。这时我往往不够沉稳，在一帮同学中数我笑得最起劲，老师一眼就可找到罪魁祸首。好在那时老师对学生的态度特别温柔，最多骂一两句或翻翻白眼。

做拉炮我也十分在行，先偷一束妈妈扎鞋底用的粗棉线，将线系成松松的 8 字结，然后把火柴的红头子研成细末，撒在 8 字中，外裹报纸，搓成紧紧的细纸筒，这样就大功告成。可放拉炮的地方很多，如门上、抽屉口、课桌间，有一天傍晚我有如工兵埋地雷，把十几个教室门上都安置了拉炮，结果不停有人进门，拉炮劈劈拍拍响了一夜，听说有一个很凶的老师手被炸伤了，气得他立即发动学生缉拿凶手，当然到现在他还没缉拿到。在家里我也安放了一枚，我原想吓吓大弟的，没想到推门的却是母亲，啪的一响，母亲吓得一抖，手里的碗都摔了。结果又是老一套，父亲过来先仔细询问了拉炮的做法，然后抡起手就打。

一个秋天的晚上，我跟着一队红卫兵去抓流氓，可惜那时流氓稀少，不如现在繁荣。当时我们巡逻到半夜，才在一条偏僻小巷里逮着一个穿细裤腿的姑娘，队长说：哎哎哎，你穿这种窄裤子不是想暴露吗？还曲线呢，臭美，剪！赶快掏出小剪刀，唰唰唰就把裤管剪到膝盖处，姑娘边哭边骂着流氓走了，我们面面相觑，我们是抓流氓的，怎么变成了流氓？

似乎一夜之间，学校里突然冒出了几十个战斗队，只要你愿意，不用劳心费神地奔走豪门，更不用拎着大包小包或揣着信封去送礼，只要随便起个名，扯面旗，把战斗队的名称写在旗帜上，你就可荣升为队长或司令。最大的战斗队是保皇派组织红总司，即姐姐当总司令的那支队伍，后来还出现了红铁军、惩腐恶等学生组织。我年纪小，当时还没来得及表现出我的特殊才能，没有一个战斗队把我放在眼里，于是我只能揣着一把弹弓，整天在学校里瞎逛。

逛了几天，碰到初三的张元兴，元兴穿着一身崭新的绿军装，走路摆着八字脚，一副骄傲样子。元兴大概想让我好好参观参观他的新军装，故意找我说话，可我正在忙着打麻雀，顾不上欣赏他。

元兴说：你想不想参加战斗队，我当正司令，你当副司令。

我一听就高兴了，总算有人看中我了，不但有支队伍可参加，而且还当一人之下百人之上的副司令，比姐姐只差半级，太好了，当即满口答应。

在去司令部的路上，我们碰到了一(2)班的王小白，该同学跟我差不多，又瘦又小，也是个没人睬没人要的角色。小白先夸了半天元兴的新军装，然后问他是不是借来的。

元兴大怒，说：你有本事借一套我看看。

小白赶紧赔不是，说他确实借不到那么新的军装，又涎着脸要求参加我们的战斗队。

元兴说：不行，我的战斗队选人很严，一般人进不了，你没有什么本事，钱五一能一弹弓打下一只麻雀，你能吗？

小白说：我可以打碎教室的玻璃。

元兴说：这算什么，打碎玻璃谁都会。

小白想了想又说：我可以从三楼爬到一楼，保证不用梯子。

元兴有几分动心，但还是有点半信半疑，于是小白带着我们去看他的功夫。

上到教学楼的三楼，推开窗户，外头是一堵光秃秃的墙壁，不知怎么往下爬。只见小白找来一条绳子，把一头系在窗框上，另一头给他抓在手里就往下爬，可那绳子还不到两米，我猜绳子到头小白就得往下跳，可低头一看，靠墙竖着几根长长的毛竹，小白像只擅长攀援的松鼠，利利索索从绳子转移到毛竹上，得意地朝我们挥挥手，如此小白只要顺竿一溜便可下地，元兴满意地朝小白招招手，似乎认可他参加战斗队的资格，可毛竹突然晃动起来，左右摇摆片刻，便带着小白砰的一

声坠落倒地。

我和元兴吓昏了，大叫一声，赶紧踉踉跄跄奔下楼，走上草坪的时候我发现自己的腿在发抖，我以为将看到一具血肉模糊的尸体，万幸的是小白还活着，已经挣扎着爬起身来，然后呆若木鸡。我突然闻到一股臭味，只见一砣砣的屎撅子从小白的裤管里往外掉。

元兴叹息道：屎都掼出来了，快回家去洗屁股吧。

小白哭了，咧着嘴又吐不出话来，一瘸一拐地往厕所走去。

我问元兴：小白一走，我们还有几个兵？

元兴说：暂时没有。

我说：没兵怎么能叫战斗队？

元兴说：不要紧，战斗队总是先有司令、副司令，领袖有了，往高处一站，一喊，人就跑来了。

司令部设在二年级的一间大教室里，教室门上已写上了六个大红字：硬骨头战斗队。

元兴说：这队名取自于鲁迅语录，我们俩都是硬骨头，好不好？

我说：硬骨头不怕疼，好。

一推门，纹丝不动。元兴又得意了，说：前门、后门加上玻璃窗都给他用大钉子钉死了，这样人家来攻打我们的战斗队就攻不进。

我说：人家进不来，可我们也进不去呀。

元兴神秘地掀起一扇小窗，说：我们的进出口就在这里，像《地道战》里的暗道机关，日本鬼子来也发现不了，你先进。

我个子小，双手抓住窗框，吊起身子，一抬腿就钻进了教室。元兴个子大，在窗口磨蹭了半天才往下跳，只听见嗤啦一声响，元兴的新军装给窗框上的一只钉子扯开了一个口子。

元兴摸摸肩上的破绽，张开嘴，突然哭了起来。

我手足无措，不知怎么来安慰他，就没话找话说：我小时候跟大弟比赛往天上扔砖头，看谁扔得高，结果砖头落下来把我的头打破了，回到家里爸爸没打，妈妈也没打，还给我涂了红药水，因为头破了，算打过了。

元兴哭了一会儿，大概觉得在副司令面前哭有失司令的尊严，揉揉眼睛，不哭了，说：我们来商量战斗队的事情吧。

我说：行，商量。

本来坐在板凳上商量挺好的，可教室里摆着四五张双层高低床，不知从哪里搬来的，元兴提议到高低床的上铺去商量，我说好，立即上了床找个位置坐下。

元兴也上了床，但不坐，仿佛检阅一样威风凛凛地从这张床巡视到那张床，步子跨得很大，没走完半间教室，只听见轰隆一响，元兴脚下的一块床板突然做了个三百六十度的旋转动作，上铺的元兴顿时给摔到了下铺，翻转的铺板还乘机在他脑袋上狠狠叩了一下。

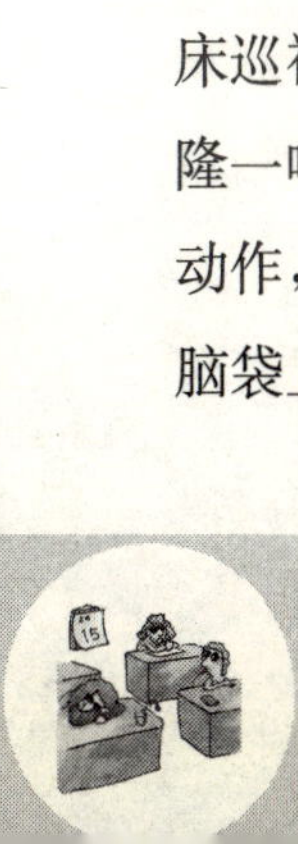
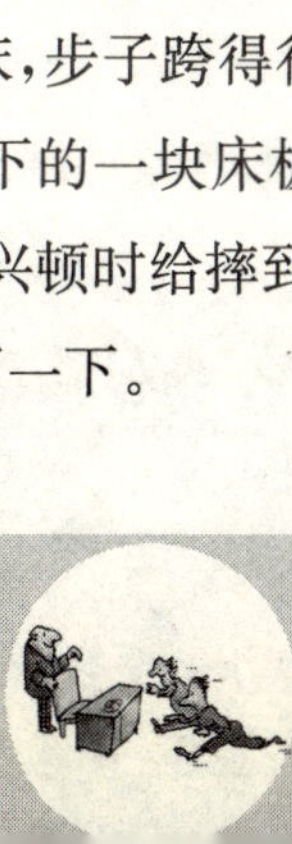
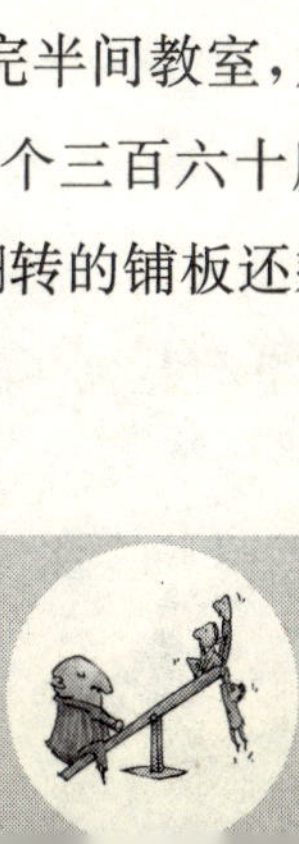

就这样，硬骨头战斗队只战斗了半天，便在司令的哭声中结束了它的使命，这是我在“文革”期间唯一正式参加的战斗队。

当天晚上，张元兴给他老子结结实实打了一顿，打完后，他马上又来找我，邀我去学校的植物园里去偷桃子吃，当然他没说那个偷字，只是说去摘桃子吃。

植物园里种满了桃树，桃树上结无锡地区的名果白沙桃，个大皮薄，呈乳白色，桃嘴颇像小姑娘噘起的小嘴，鲜红，咬一口满嘴甜水。我在植物园劳动的时候就想吃，但只是想想而已，不敢下手。我不知道那些和我一起给桃树松土的同学们想不想吃。

植物园的大门紧锁，四周筑着长长的围墙，天又黑，我和元兴绕着围墙走了一圈，找不到攀登围墙的地方。后来元兴蹲下了身子，我踩着他身膀双手抓着围墙的边沿，爬上了围墙。

脚跟还没有在围墙上站稳，一道手电光便打得我眼花缭乱，紧接着响起魏老师的声音，做啥？下来，快下来！

魏老师是教生物课的，瘦得像只大蚊子，但听说他有一身出神入化的好武功，打起来，二三十个人近不了身。我有点怕他，赶紧跳下墙，元兴肯定更怕，在魏老师鄙夷的目光中钻进草丛。

在小巷口找到了元兴，天还早，两人都不想回家，就站在巷口的石拱桥上胡扯了一会，扯了些什么，现在已经忘掉了，扯着扯着，邻居家的几个小孩也跑到石拱桥上来凑热闹，不知谁突然把拱桥上的一根石柱子掀到河里，那石柱足有一个大人高，落水便发出轰隆一声巨响，水花都溅到沿河的房顶上去了，有人推开了窗子骂畜生，我和元兴吓得就逃，也没选择逃的方向，但不约而同地窜进小巷，走过操场，又钻进了植物园旁的草丛。

魏老师还在围墙旁巡逻，夜色中，可以看到手电和他的眼镜片一闪一闪。

我们又溜进学校，觉得肚子里空空荡荡的，只想吃一点什么才好，就赶到洋核桃树下去碰碰运气，可树太高，我又缺乏在晚上爬树的经验，两人只能仰头看着满树的核桃，猜猜熟了没有，呆了一会，又回到植物园旁。

魏老师完全不想睡觉了，他居然还守在那儿。我和元兴对看一眼，坚定不移地点点头，两人就潜伏在草丛中等待，看谁熬得过谁。天气不热，爬在软绵绵的草丛中人挺舒服，就是蚊子讨厌，时不时来叮上一口，元兴给叮烦了，猛击一掌，我发现魏老师警惕地扭过了身子，急忙拉了拉元兴，两人像壁虎一样贴在地皮上，气都不敢出。

救星及时出现了，魏老师的老婆来得真巧啊，显然她认为老公的身子比桃子更重要，一把拽走了丈夫。我在心里对她说了声谢谢，又踩着元兴的肩头爬上墙，跳进院子开门，奇怪的是植物园的大门虚掩，无锁无闩，不知何故。

桃园里黑黢黢的，散发着熟桃的诱人甜香，吸一口嘴里就直冒涎水。我飞奔到一棵桃树下，顺枝摸了一遍，一手的叶子，没找到一只桃，我又奔到另一棵桃树旁，三两下就爬上树，双手在桃叶里摸了半天，抓到的仍只有桃叶。

我绝望地在桃园里搜索了半天，桃香味越来越浓烈，但就是找不到一只桃，元兴找到一只长不大的瘪青桃，咬一口就扔了，说是苦的。又寻找片刻，我们发现在桃树下扔着一堆堆白生生的桃核。显然，有人乘我们与魏老师对峙之际捷足先登。

在桃园的一个角落里，我看见了我的同学，十几个，个个手里捧着一只大桃在啃，汁水四溅。那儿，还有两棵桃树，几只沉甸甸的桃子还挂在枝头。我馋坏了，三脚两跳冲到树下，可几个同学比我动作还快，居然把没吃完的半只桃子往地上一扔，顺手把树上的桃子摘了。

我折腾了一晚上没吃到一只桃，感到自己受到了严重的伤害：要不是我和元兴在围墙外机智勇敢地吸引住魏老师，同学们就不可能有机会撬锁入院，可有功之臣却被彻底冷落遗忘，没得到一丁点的奖赏，哪怕给一只桃也行啊。呆立了一会，我实在不愿参观同学们吃桃的嘴脸，觉得他们的吃相比猪还丑，吧唧吧唧的，汁水流到胸口都不擦擦，一个比一个难看，便悄悄地溜到门口。

这时，千真万确的，好像有一个声音在耳边悄悄说：别走，千万不能走，这院子里还有吃的，于是我放弃了出门的计划，顺墙走了几步，便发现了一片小小的李树林，不用摸索，我一眼就看见树上挂满了李子，个个五分硬币大小，像绿宝石一样晶晶发亮。

我摘下一个李子，放嘴里吃了，接着又摘一个吃一个，李子硬邦邦脆生生的，还没长熟，一进口又涩又酸，甚至还有点苦味，但就我一人在独自享用这顿李子大餐，我快活极了，每吃一个就觉得是在对刚才没吃到桃子的一种补偿，是对那些不愿跟我分享桃子的同学的一种惩罚。于是我不停地吃，到后来我甚至放弃那种把一个李子细细地啃成果核的文明吃法，改为每个李子只咬一口就扔了，等同学们如蝗虫一样疯狂地闯进李树林，我已把树上的李子消灭了一大半，舌头也已经涩麻得转不动了。

几天后的一个上午，在学校的操场上，那个拿着手电在桃园旁巡逻的魏老师给四个男同学捉住了手脚打夯——即四人各抓魏老师的一只手或一只脚连着身子往天上抛去，先往天上抛，脸面朝天，一起一落，这叫打正夯，然后打反夯，即把魏老师屁股朝天脸面朝地抛。只听得四个男同学发出一声声铿锵有力的吆喝，嗨唷——嗨唷——嗨唷，魏老师便被抛得高高的，随即又飞速坠地，那分寸必须把捏得非常准确，在魏老师鼻尖离地皮寸处稳稳拽住，否则魏老师至少也会落个鼻梁断裂，好在那四个男同学动作配合得非常协调，魏老师的身子在空中富有节奏地忽上忽下，一点儿草地也没挨着。只是魏老师给吓得魂不附体，先是眼珠凸出，惊恐地盯着飞速扑来的草地，眼镜也给摔在一边，后来干脆把眼睛一闭，听任同学把他抛来抛去。

我估计魏老师是去质问那些同学为什么偷桃然后给捉住了打夯的，远远地站在一边看。我希望擅长武功的魏老师突然大发神威，把四个男同学打得落花流水。可我希望的场面始终没有出现，四个同学抛累了，把魏老师当垃圾一样往地上一扔，走了。

魏老师爬在地上一动不动，我担心他死了，过去看了一眼，只见魏老师的鼻孔在一翕一动，想了一下我才知道，原来他哭了。

又过了几天，学校里开大会，副校长童林从我身前走过与一个老师说话，我趁机把一根狗尾巴草插进了童校长的后衣领，童校长浑然不知，后脑勺上竖着一根小小的狗尾巴坐在讲台上主持大会，台下的同学们哄堂大笑，我觉得自己有本事逗大家乐，非常光荣。2002 年春节回江阴探亲时，我向母亲问了童校长的近况，想去拜访他，但探亲的时间实在有限，至今仍未如愿。

那天会议的主要内容是童校长劝告大家别去串连，于是我一回家就做好了串连的物质准备，备好干粮带上钱，晚上跟着姐姐来到南菁中学，大队人马都聚集在那儿，我听说串连的

方案是先步行到无锡，然后步行到上海，再步行串连到北京。当时我去过的最远地方是南京，一听说要去北京见毛主席，兴奋至极。

大厅里乱哄哄的，到处是举着旗背着行李的学生，姐姐和几个红卫兵的头目正在讨论着串连方案。这时母亲出现了，身后还尾巴一样跟着江阴一中的耿校长，两人均一脸的古怪，说不清什么表情，疑惑、愤怒、恐惧，似乎都有。我估计母亲是被耿校长拉来充当说客的。

母亲可能有点怕姐姐的那种威风，只敢小小心心站在一边劝姐姐别去串连。

赵践马上跟母亲展开革命的大辩论，几句话就把母亲驳得哑口无言。

母亲茫然地扫视着人群，突然目光落到我身上定格。

我想逃，但来不及了，母亲一言不发，出手却极快，一把捉住我，先给了一巴掌，然后在我屁股上狠狠拧了一下，母亲拧的技术很专业化，即用两指捏住屁股上的一块肉，不转，用力提起后再绞动，其结果是非常疼痛。我大叫了一声，眼泪马上流了出来，我不是疼得哭，而是在伤心母亲不给我一点面子，竟然在大庭广众下揍我。

母亲揍完后还不住手，又当着同学的面剥下我身上的外套，对我进行了一次全面彻底的搜身，搜出五角钱和一个菜饼子——这是我临走前从碗柜里拿的干粮，这时母亲开始哭了，拽着我往家走，我不肯走，爬在地上耍赖，我觉得自己在同学面前丧失了所有的尊严，放声大哭。

耿校长说：钱五一，你这么小，只带五角钱和一个饼出去串连是不行的，你跟你妈回家去吧。

我不听，只是用哭声来回答他。写到这儿我有点糊涂，记不得后来是母亲主动撤退还是害怕同学们的义愤而撤离，反正母亲和耿校长都不见了，口袋里还多出了几块钱，于是我顺顺当当地参加了革命的大串连。

串连的第一站是无锡，江阴至无锡为39公里，出江阴西门便可走上一条通向无锡的石块公路。我随着大队人马一起出发，开始我觉得自己能一口气走完二万五千里，精神抖擞地走在头里，手里还抓着一把小旗跟着同学们一起喊口号，同学们喊什么我就跟着喊什么，慢慢地我落到了队伍的中间，我人小个矮，人家走我得跑，人家跑我必须冲刺才能跟上，腿部运动比别人频繁，双脚开始发胀发疼，不一会，同学们一个接一个从我身前走过，我变成了大队人马后的小尾巴。

马路两边横卧着几个黑黝黝的小村庄，看不见一丝灯火，连狗叫声也没有，一片寂静中，只见麻石路面在夜色中微微发光，似无尽头地通向远方。我独自一人慢慢走着，布鞋把石地踩得非常响亮。走着走着，路边出现了一只只巨大的木盒子，呈长方形，两头微翘，均破烂不堪，不知什么东西？又看片刻，突然想起这就是棺材，我走进了一条棺材的长廊，马路两边摆满了无数只棺材，不知破“四旧”还是平整土地从墓地里挖出来见了天日。我突然想起有一些农民废物利用，把棺材风干了做家具。我的一个农村同学还带我去看他家新打的一口三门大衣柜，棺材板做的，外面黑的烂的部分已经刨干净了，闻起来还有点杉木的香味。

当时我只觉得疲劳，没想到害怕，好奇地走到一口棺材前弯下腰来看里头有没有死人。棺材里黑咕隆咚的，似乎空无一物，抬头却见盖子上堆着几根白骨和一个骷髅，骷髅有眼无珠，有嘴无牙，黑洞洞的眼窝里，似乎蕴藏着无数急待向我吐露的秘密。

我惊叫一声，一口气狂奔了几十米，可棺材阵几乎跟马路一样长，挡住了通往马路两边的视线，好不容易走进一段干净路面，没走几步路边又出现了棺材的长龙。那些破破烂烂的棺材板似乎还散发出一阵阵异味，我不敢看也不敢深呼吸。我知道自己快走不动了，但还是命令自己不能停步，我怕自己一停就会躺到路边的棺材里去。我警告自己不要胡思乱想，可小时候听过的鬼故事一个接一个出现在脑子里，什么吸血鬼吊死鬼河落鬼之类，小时候听起来不觉得害怕，可待在棺材阵里回想却显得特别恐怖。我小心翼翼地看准了马路中央走，我怕挨近了棺材，那里会突然伸出一只鬼手，一把把我拽进棺材去。我甚至担心自己的脚步声过于响亮，惊醒棺材里的鬼魂。

前边传来一阵嘤嘤的哭声，我快走几步，看见一个掉队的同学蹲在马路中央哭，我认出他是邻班的，个子比我大不了多少，但不知其名。他说他去过的最远地方是江阴北门，想不到现在走到这种鬼地方。

有人作伴，我胆子大了好多，毕竟他吓哭了我没哭，我似乎一下子变成了勇士，安慰他别哭，又说了几句世界上没有鬼的道理，然后把他拉出棺材阵，沿着田埂走到一个村口的晒场上，靠着一个柴垛休息。我把口袋里的那个饼子拿出来给他吃，他不吃，我也不想吃，两人似睡非睡地歇了一会又觉得冷，扯了一点稻草出来盖在身上又怕脏，于是又爬起来继续赶路，两人一起走路真好，谁累了谁就搀谁一把，谁也不想撇下谁。天蒙蒙亮时，我们终于走到了无锡市。

姐姐和她的队伍不知在哪儿，我们漫无目标地乱找了一会跳上了一辆公共汽车，同学说他没有坐过汽车，坐汽车真是舒服，一颠一颠的，像骑着一只大鸟在街上飞。

于是我们俩就坐着公共汽车在城里转，到站了我们不下车，到终点了我们仍不下车，继续坐回头车。那辆公共汽车载着我们俩在市里不知转了多少圈，好像没人找我买票，后来才知道，凡是参加大串连的学生都不必买票，一路上也没发现姐姐和大部队的踪影，最后我坐腻了想下车，可那个同学还想坐，还说坐车舒服，于是我独自下车，吃了那个饼子，走到长途汽车站，买了一张车票坐车回到了江阴。回到家里母亲什么也没说，只是端了一盆水来让我洗脚，脱下袜子，我发现脚已经肿了，上面还有五六个水泡。

我的革命大串连到此结束，比起那些北上哈尔滨、南下海南岛，远到亚非拉撒播“文化大革命”火种的红卫兵来说，我的经历太微不足道了，但对于一个顽童来说，这段阅历大有裨益，至少有两条经验可以总结：一、参观了太多的棺材；二、几乎是独自一人走了三十多公路的夜路，不过到目前为止，这两条经验我还没使用过，我祈祷我一辈子永远不碰到使用这些经验的机会。

从此，我便成为江阴一中最快活的一个学生，课堂不上课，书包里没有书，当然更没有那讨厌的成绩单。老师看见学生就害怕，绝对不管我，家里想管管不了，战斗队不要我，我自己就是一个战斗队，我自由自在，无忧无虑，整天抓着一把弹弓，想往哪里打就往哪里打。

上小学四五年级的时候，我弹弓打得很臭，子弹追不上鸟，我就用爬来缩短我与鸟的距离，看见哪棵树上有鸟窝就往哪棵树上爬。夸张一点说，江阴城里凡有鸟窝的树，差不多都给我攀爬过，于是我吃过很多鸟蛋，有麻雀蛋、白头翁蛋、伯劳蛋、鹁鸪蛋、灰喜鹊蛋。

我不怕高，三四层楼高的大树只要给我抓住主杆，不用借助任何工具，便可嗖嗖嗖地爬上去。

邻居周照是个弹弓高手，但一爬到树上就立刻变成软蛋一个，眼睛紧闭，双手紧抱着树干瑟瑟发抖。我说：别怕，睁开眼，看我，别看下面。

周照不听劝，依然闭着眼，泪水却不停流出。我怕他真给吓死了，叫树下的赵歌找来一架梯子，把周照接下了树。

树上可怕的是虫，一种刺毛虫，碧绿，指甲盖大小，满身耸动毒毛，挨一下皮肤就死痒，挠一挠便疼得如火燎烧烤。还有一种专门生活在大树上的红蚂蚁，通体赤红，大小形体看不出与普通蚂蚁有何异样，但只要被它沾上，皮肤上就会出现一片红肿，也痒疼无比。带着一身疙瘩回家去，母亲见了居然不打，找来一把小镊子，把那些纤细如丝的毒刺一根根拔出。

开始我还不敢野到学校去，先爬废墟里的树，再爬城里无主的树，最后爬到中山公园去，可刚刚爬到一只鸟窝旁，公园的管理员便打电话报警，提高了嗓门说：喂，警察吗？快到中山公园来捉一个爬树的小坏蛋。

我吓得差点从树上掉下来，逃跑时才听到一个大人说：笨，电话还没打通就吓成这样。

用爬树去接近鸟儿显然是个笨办法，我开始苦练弹弓的基本功，找了一只旧袜子，灌上半袜子沙，这样就做成一个沙球，把它挂在一根薜荔藤上，我每天瞄准那只沙球发射几百枚子弹，打坏一只，再换上一只。与此同时，我还加强了实战练习，也许我天性擅长弹弓这类轻武器，很快我就成为江阴城里最出名的弹弓大王。

江阴一中的前身系美国教会学校，校园里随处可见艳丽的红色砖墙，花旗松的门窗上镶嵌着黄澄澄的铜拉手，屋顶上间隔有致地设着老虎窗，铝合金的大瓦片在阳光下闪闪发亮。校园里栽着很多巨大的古树，有枫杨、银杏、朴树、榉树、洋核桃树，那洋核桃跟国产核桃不同，国产核桃是圆形，皮厚夹层厚肉少，洋核桃却呈长长的腰圆形，外皮又轻又薄又脆，敲开便见满满的果肉，味道很好。当然，我在校园里射击的第一个对象就是洋核桃，把树上的果子打得一干二净，统统捡起来吃了。

树多自然鸟多，校园的屋顶和大树上居住着麻雀、斑鸠、灰喜鹊、绣眼、黄豆、白头翁、伯劳、蜡嘴、戴胜、黄鹂、杜鹃等鸟类，数量最多的是麻雀，上课时总听到麻雀的喳喳叫。可麻雀天性狡猾，它喜欢侧着脑袋盯着你琢磨，小黑眼睛贼溜溜的，稍有风吹草动就溜之大吉，尤其当它认识了我的弹弓以后，看见弹弓就飞。可我有治它的方法，一是空着手走过去，你可以给它看手心，左手是空的，右手也是空的，啥都没有，当然你得当心别把动作做大，别吓着它，等你走到离它最近的地方约摸三四米处停步，然后转身掏出弹弓，先把皮筋拉开，再突然急转身射击，如此保证打它个措手不及。

当麻雀落在坚硬的水泥地上时还可以打反弹，即把子弹打在麻雀身前的水泥地上，但分寸必须把捏准确，让子弹反弹时恰好击中目标。记得有一回我打了个漂亮的反弹，石子砰地撞地，随后反弹到麻雀身上，那麻雀竟被撞到空中，画了一道弧线，再软绵绵坠落，口里吐出一大滴鲜血。

另一个方法是天蒙蒙亮的时候你就揣着弹弓出发，这时的麻雀们多半蹲在教室屋檐上的水槽里，露出大半个毛茸茸的身子，啍啍唧唧叫，像一排整齐划一的小毛球。清晨的麻雀大概羽毛上沾着露水，又睡眼惺忪，不爱活动，你可以平心静气地瞄准射击，但不能打中间的，打死一只中间的两边的都会逃走，要先打一边，再打一边，打完了一边等另一边又落上麻雀了你再去打。

还有一个办法是天黑前侦察到麻雀落脚的位置，什么梧桐树、广玉兰、冬青树，都是麻雀们喜欢过夜的露天旅馆，等天黑了再带着手电去消灭它。在手电的强光照耀下，机灵的麻雀变成了睁眼瞎，你打落了一只另一只还不知道大难临头，一脸的茫然，又不敢一头扎入黑暗中藏身，还是老老实实地呆在树上，你只管接着打。

夜间打鸟我多半带着大弟一起去，我打弹弓，他打手电。有时我独自去，双手使弹弓，电筒被我咬在嘴里照着目标，打死的小鸟像熟透的果子落了一地。

多年前，麻雀曾被人判决为“四害”之一，在全民剿灭麻雀的运动中差点给赶尽杀绝，到如今居然有网民提议它为国鸟。

在我的射击下，麻雀很快就在校园里消失了，聪明机灵的家伙先死，不知什么道理。此后鹁鸪便成为我射击的目标，但鹁鸪稀少，整个江阴一中的校园里不会超过三对鹁鸪，体型最大的一对鹁鸪夫妇居住在初二教室门口的一棵大枫杨上。每天，那对小夫妻都飞来飞去地衔草垒窝，这时它动作敏捷，风一般地掠过操场落到树上，稍呆片刻又风一般地飞走，你很少有机会瞄准射击。但当它们垒窝完毕——在树桠上稀稀拉拉地铺上几十根短短的柴棒棒，母鹁鸪在窝里下了两枚小小的蛋，我的机会就来了。

那天，我在枫杨下静静地守了个把小时，直等到太阳落山才听到一阵咕咕咕的鸟叫声，抬头看去，那对鹁鸪一前一后飞落到树上，慢慢挪动着身子，母鹁鸪在窝边蹭了一会，把身子挪进窝，腹部和一对翅膀几乎覆盖了整个鸟窝。这时，公鹁鸪也飞到了窝旁，大胸脯的曲线酷似丰满的东欧少妇，上连一条纤巧的脖子，一圈白色的斑点像珍珠项链一样套在它颈上。

我控制住自己，不让自己的手去拉弹弓，公鹁鸪不但机警，而且胸肌特别发达，我曾击中过一只公鹁鸪的前胸，以为它会马上来个后滚翻，没想到只是打飞了几根羽毛，公鹁鸪照样一飞冲天，迅速逃跑了，我现在的射击目标是母鹁鸪，不是公的。又等了片刻，公鹁鸪飞走了，不知它是去侦察敌情还是给老婆找晚餐，于是，树上树下就剩下了一人一鸟。

母鹁鸪安安稳稳地蹲在窝里孵蛋，身子被窝堵得严严实实，只露出一束小尾巴和一个小脑袋，远远看上去，母鹁鸪脑袋只有一枚硬币大小。

我从口袋里摸出一颗圆溜溜的陶珠，这是我自制的弹弓子弹，做起来很麻烦，要从长江滩上挖来黄泥，然后搓成小丸子晾干了放在煤炉里烧，我家人多嘴多，煤炉一天到晚闲不住，母亲看见我折腾炉子就骂。这子弹平时我一般舍不得用。但此刻我口袋里如有金珠银珠也舍得。

我把陶珠装进弹夹，站好了位置，几乎是仰头看天，然后用力拉开皮筋，陶珠疾驰而去，只听见卜的一声响，那颗陶珠准确地击中了鸟头，母鹁鸪头一歪，便伏在那只小巢上。

我快手快脚地从教室搬来课桌，一张摞一张，搭成梯状，然后顺梯爬上树，爬到鹁鸪窝前，母鹁鸪嘴里淌出几滴鲜血，死在窝里，我拨开它的身子，果然看见两颗鸟蛋，蛋面有些温润，微微带着母鹁鸪的体温。无疑再过几天，这蛋里的两只小雏便会破壳而出。这是我首次打死鹁鸪，格外兴奋，把它拎起来掂掂分量，少说有半斤。我把死鸟扔下树，把两颗鸟蛋含在嘴里——放裤兜里十有八九会撞碎，随后轻轻松松地顺梯而下。

失去了伴侣的公鹁鸪变得像个捉摸不定的幽灵，我每天都看见它在校园里乱飞，巨大的翅膀把空气扇得嗖嗖响，落到树上也不停脚，急匆匆地走来走去，仿佛在寻找什么。我看了几天后找出一条规律：在它的窝旁有一截光秃秃的枯枝，它最喜欢在枯枝上落脚，然后静静地看着空无一物的鸟巢，倘若无人打扰，它最少要看五秒钟，似乎在琢磨老婆小孩上哪去了。

于是我仍躲在树干旁，仍是在一个傍晚，当半明半暗的天空中出现一个纺锤似的剪影时，我朝它发射了一颗板车轴承里的钢珠，那钢珠能击穿三米外的铁桶，何况一只鸟，果然，钢珠撕裂了它的胸肌，公鹁鸪仍在空中歪歪斜斜地折腾了几米才一头栽落。

几年后我才从一本书上看到：鹁鸪又叫斑鸠、野鸽子，它一生只选择一个伴侣。

剩下的两对鹁鸪不知是逃跑了还是给打死了，反正再也没出现在我的视线中，从此江阴一中的校园里便失去了鹁鸪的踪迹，我开始瞄准灰喜鹊。灰喜鹊脚长尾长嘴巴长，又长了副大嗓门，稍有风吹草动就哇哇大叫，一大群瞬间就会飞得一干二净。但灰喜鹊也有个致命弱点：它太恋窝了，把那只乱糟糟的小巢当成了心肝宝贝，尤其是当它孵化出小鸟后，它为了保护幼鸟更是舍生忘死。

挑选一棵鸟多窝多的大树爬上去，爬到鸟窝边，一窝里至少爬着四只小灰喜鹊，那是四个丑家伙，光着身子，肚子上还嵌着一块蛋黄，一看见我用手指拨弄它便以为父母来了，张开了四张血盆大口哇哇叫着讨吃的。这时它们的父母便像发了疯似的，不但自己来了，还把左邻右舍都叫来帮忙，一大群灰喜鹊，对我组成一个包围圈，接着发起集团冲锋，每一批至少有三只灰喜鹊跃入高空，然后流星一般地俯冲下来，伴随着惊

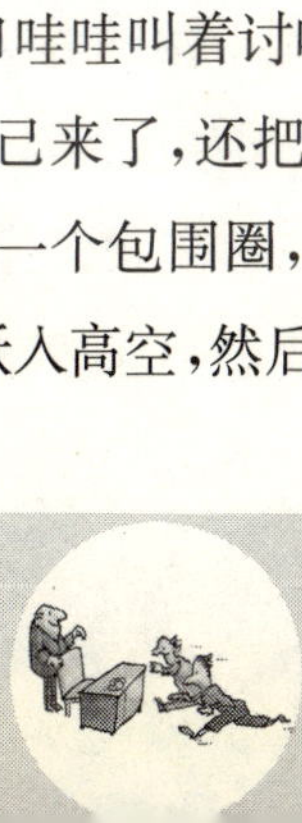
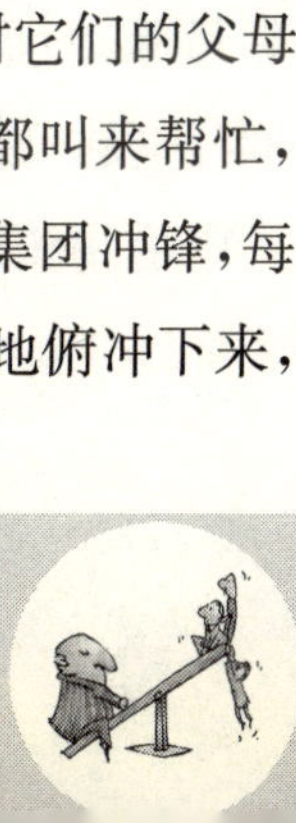

心动魄的惨叫声，哇——哇——哇，极像同时敲响了许多面小破锣。

这时你若想抓小鸟可得当心点，因为它父母的俯冲目标是你的眼睛和后脑勺，我后脑上不知被啄过多少回。幸好那灰喜鹊只吃虫肉不吃别的肉，嘴不尖且不利，我从未头破血流过。眼睛我更是保护得好好的，而且，我早在它飞抵我眼睛前一弹弓将它击落，一弹击落空袭的灰喜鹊，这是我的最大本事，绝对能换取树下同学的一阵掌声。至于对付那些围着你跳上跳下作恐怖状惊叫的灰喜鹊那就更容易些，不是被树下的同学击落，便是给我击落。

大鸟给消灭后，对付小鸟就有如儿戏，只消用两个手指把它拎出窝再一松手，那光秃秃的鸟崽子便哇哇叫着如石头一样坠下地，摔成一块血淋淋的肉饼子。把小鸟带回家养很麻烦的，每天要捉很多虫给它吃，不如当场摔死了再拿回家吃了痛快。有时逢上一窝的蛋还没来得及孵化，四五颗，嘴里含不下，装裤兜里又怕撞碎，我们也想出了好办法：树下的弟弟脱下外套，和几个同学各扯衣角形成一个救生垫一样的平台，我在树上把鸟蛋一颗颗地扔下来。接蛋者要眼疾手快，不但要用衣服接住目标，而且还要迎着蛋下落的势头作一迎一降状，否则鸟蛋照样会在衣服上摔得一塌糊涂。

江阴一中的鸟至少有一半丧生在我的弹弓下，还有一半得归功于我的同学，天知道学校上空有多少子弹在追赶鸟儿。

我整天拎着弹弓在校园里射击，自然吸引了一批崇拜者。校园低矮的树丛上，凡是长得像个 V 字的枝枝椏椏都给砍下来做了弹弓。由于选材不严，同学们的弹弓多半做得歪七错八，随便拴两根女孩扎小辫的橡皮筋就开打。与同学的武器相比，我的装备最精良，弹弓把子用过白果树的、黄杨树的，均属优质硬木，但还不满足，又爬到一棵大朴树上去，砍了一根形体极佳的枝椏，将其风干后剥掉树皮，锯成弹弓状，用砂纸打磨得油光水滑，然后用小刀在两枝上刻出浅槽，再用细棉纱系住两根橡皮条。皮条的弹性关系到弹弓的威力，橡皮筋还有输液管也可勉强使用，但用它们射出来的子弹发飘，缺少杀伤力，挂在我弹弓上的是从电工绝缘手套上剪下来的皮条。江阴西门有一家皮鞋店是我最爱去的地方，那儿有一个老皮匠，每当我去，他总取出一副紫红的电工绝缘手套，根据我大概是一指宽的要求，剪成两根长长的皮条卖给我，两毛钱一副。子弹我首选陶珠，其次是从沙滩上捡来的鹅卵石和板车轴承里的钢珠。

很多同学羡慕我的弹弓，有效仿的，有请我代制的，还有另辟蹊径的，有一位同学用粗铁丝弯了把弹弓，上面只拴细细的几根橡皮筋，发射铁丝子弹，即把铁丝截成小段，弯成 U 形，也劲道十足，我亲眼见他射落了一只灰喜鹊，铁丝子弹连头带尾啪地钻入鸟胸，订书机一样。

打鸟成为当时江阴小城学生的一种时尚，最会打鸟的人绝对能得到同学的崇拜。如果去同学家串门，同学多半会端出一只小碗给你看，如同现在的同学端出一台刚上市的游戏机。那碗里肯定用酱油泡着鸟，如果是几个黑乎乎的小家伙，你可以嗤之以鼻，因为那家伙是麻雀。如果碗里竖着几块巨大的胸肌，给酱油浸得红彤彤香喷喷的，你便会肃然起敬，因为那胸肌只有斑鸠才拥有。当然，如果同学去我家，我决不会小眉小眼地端出小碗来，我会请他抬头看，梁上一串串地吊着各种拔了毛或剥了皮的鸟。

其实，除了麻雀肉斑鸠肉尚可入口外，别的鸟，我都不爱吃，总觉得它们有一种怪怪的味道。大弟既爱吃鸟又爱打鸟，但眼力极差，十发子弹九发落空，每当我俩出门狩猎，我请他袖手旁观，禁止他射击。赵歌不服气，总想露一手，有一回大弟独自去长江饭店的后院打鸟，在一株老银杏上他用弹弓射下了一只猫头鹰，比小母鸡还大，欣喜若狂地拎回家，说猫头鹰是个大傻子，尽打不动气，他足足打了个把钟头才把它击落。我说猫头鹰睁个夜盲眼，白头看不见，当然只有挨打的分，你是瞎猫碰到死老鼠。

我们把猫头鹰剥了皮，红烧了。可揭开锅盖一看，我吓了一大跳，那猫头鹰的脑袋足有小孩的拳头大，煮熟后居然变得像死人骷髅，用两个黑洞洞的眼窝盯着我，闻起来还有点怪味，我不敢吃，赵歌叫来小弟赵星，他们吃了。

对我而言，吃不吃鸟肉跟我打鸟没一点关系，我一如既往地酷爱打鸟，看见鸟手就痒，就会情不自禁地去摸弹弓，我渴望听见子弹击中鸟腹后发出的卜的一响，有如鱼儿上钩挥钓竿时的一瞬间，我会觉得这是我人生的最美妙享受。当时我确实不知道人生还有别的选择别的享受，那时派别林立，群雄争霸，口号众多，一天间会换几十个花样，几乎天天都爆发特大新闻：毛主席又有什么最新指示了，谁谁谁被揪了出来，哪个上吊了，哪个投井了，哪个吃了一肚子的碎玻璃，哪个吞了十几盒火柴的红头子还是活蹦乱跳的，保皇派又跟造反派打起来了……谁对谁错，当时我搞不清楚，直到现在我还是搞不清楚。

江阴是中医之乡，据说历代朝廷都从江阴遴选御医给皇帝看病。我家对门的一座石库门里住着三个著名的老中医兼老地主，一个擅长针灸，一个擅长骨科，一个擅长妇科。那一年，三个老中医自杀了两个，一个吊死在自家屋梁上，一个则一头扎死在自来水厂的蓄水池里。以救死扶伤为天职的医生选择了自杀，无疑是绝望所致，为何他们失去了生存的勇气，我不得而知。我听到几个邻居的小声议论：要死就死到长江去，怎么跳进了自来水厂？偏要死在干净地方，害得大家几天里不敢用自来水。那些年，人命都不足惜，何况渺小的鸟？毫无疑问，当我们这些孩子在起劲地杀害鸟类时，那些大人更没闲着，也在起劲地摧残自己的同类，他们是否也获得了快乐？我不知道，也不愿想象。

在长达两年多的打鸟过程中，无论是在学校或公园或大街上，我没遇到过一次麻烦，身后还往往跟着一群热情高涨的大人小孩，他们会不厌其烦地指点你哪儿的鸟多，哪棵树上夜宿着一群鸟，更热情的，他会帮你打手电帮你捡死鸟，当然临走前你别忘了给他几只死鸟作为酬劳。甚至你可以一一杀死一个老宅内的所有麻雀和燕子，只要你不打破玻璃击碎瓦，主人便袖手旁观。有一天晚上我搭梯在一家老宅的屋檐下捏死了六只麻雀，主动给主人两只，毕竟麻雀在他家住了多年，可算家雀。可主人摇摇头，说不要。但如果不小心打碎了一块玻璃，那就等于犯了滔天大罪，挨骂是轻的，说不定还会挨棍子。有一回我亡命逃窜了两条街，掉了一只鞋，这才摆脱身后的追击。

江阴一中变得静悄悄，再也听不见一声鸟叫，校园里的鸟给打绝了，我们走出校门，到黄山去打，到中山公园去打。一天清晨，对门的周照借来一支气枪，约我去中山公园打鸟。周照枪法精准，临行前他突然抬枪射击十米外的一把雨伞，铅弹准确地射入雨伞把，平整地嵌在竹面上，如同戒指上精心镶嵌的蓝宝石。

烟雨蒙蒙，天空一片阴郁的灰白，没进公园门，远远就传来一阵“布谷，布谷”的叫声，声音柔和亲切悠长，几乎覆盖了江阴小城。现在想起来，那声音总能让你勾起一点对田野的回忆，会让你想起鹭鸟翻飞的水田，沾满雨滴的蓑衣斗笠，弯腰驼背的插秧人。

循声找片刻，我在荷花池旁的一棵大枫杨上找到了它，杜鹃鸟离地面至少有二十米，歇在一根高枝上咏唱着“布谷，布谷”。我端起弹弓，太高了，弹弓子弹根本够不上它，我示意周照下手，周照端起了气枪，稍稍瞄准便勾动了扳机，铅弹朝目标呼啸奔去，那个柔情的男中音戛然而止了，布谷鸟像只断了线的风筝那样在空中飘了大半个公园才落地。周照是个大方的人，他把死鸟给了我，说鸟儿是我发现的，归我，不归他。

当天下午，我便把那只死布谷鸟拎到学校去了，学校里除了人，没有别的动物可打了，但在学校里可以与大家分享打猎的快乐，我至今仍清楚记得那个场面：一个同学从书包里掏出一窝活麻雀，说这是他昨晚在邻居家屋檐下掏窝活捉的，五只，怕它们飞了，有的脚上拴一把小铁锁，有的脚上拴一枚铜钱，一课桌瞎扑腾的麻雀翅膀。

该同学说：他可以给大家表演一个节目，即把麻雀的脖子转一圈而麻雀照样好好活着。

我们不信，说：脖子断了怎么活？你见过有谁断了脖子还活蹦乱跳的？

于是他就把一只麻雀的脑袋塞进一个锁圈，然后慢慢转动它的脖子，但是很扫兴，才转了大半圈，麻雀的细脖子便给拧断了。这个同学火了，继续试，接连拧死了两只麻雀才成功，那只麻雀的脖子给旋转了一圈后居然还活着，还转动着小眼睛，喝彩声顿时响起。

这时又一个同学进来了，一脸的得意，从书包里掏出一只肥鸟放在课桌上，这是只公斑鸠，身子硕大，形状颇像一只小板鸭，全身的羽毛已给拔得一干二净，光秃秃的皮肤上可看到纤细如丝的毛细血管、粗糙的毛孔和翅膀上的一块血痕，显然是被打伤了翅膀。

令人惊异的是这只斑鸠被拔光了毛还活着，睁着两只布满血丝的圆眼睛，拖着光溜溜的身子在课桌上蹒跚走动，就像一砣行走的肉。

这个同学一本正经地说：哪位女同学手艺好，这只鸟需要一件衣服。

同学们笑了。

突然间，斑鸠凌空飞起，当然这不是鸟儿在飞，它早已失去了羽毛，失去了飞翔的能力，是一双手把它高高抛入空中，它变成了一个飞行的肉球，在教室里掠出一条抛物线，随即又被一双手接住，再次当排球掷出，于是斑鸠又开始“飞翔”……

我及时转移了大家的注意力，从书包里掏出了那只布谷鸟，同学们都没见过，以为是老鹰，纷纷扑到桌前惊叹不已。

我得意洋洋，等大家夸够了玩够了，就当着众人的面给布谷鸟剥皮，先用铅笔刀在它脖子上割出一个环形小口，顺颈往下褪几寸皮，然后用力一拉，布谷鸟斑斓的羽毛便连皮给整个儿撕脱，接着再给它开胸剖膛，湿漉漉的污血沾了一桌，这时我才发现，那颗铅弹穿透了它的胸肌，带着一小撮羽毛，准确地停留在它的心房……

我不知道我怎么会变得如此残忍，我不知道我的同学在我的影响下也会变得如此残忍，回想起来，那天的教室已变成了一座血腥地狱，一群状如孩子的魔鬼正在把玩鸟儿的残破躯体，没听见有谁发出恐怖的惊声尖叫，只有嘻嘻哈哈的笑声此起彼伏。是什么力量夺走了我们这代孩子理应最富有的天真、清纯、怜悯、善良、仁爱，让我们变成了嗜血为乐的魔头？我无力追究，也只寻找到一个给自己开脱的理由，也许，当那种神圣的规范和情感像垃圾一样被人抛弃得太远太远时，我们别无选择，只有选择残忍。

可我并不想为当年的行为开脱推诿。

多年来，我曾苦思过我屠杀鸟儿的真实原因，是毫无约束的放纵造成，还是贪婪、无聊、忌妒、仇恨、恐惧的驱使？始终迷惑不解，唯一可确定的答案是怯懦，在一个生命的起码尊严难以得到尊重的日子里，怯懦者由于恐惧，在强者前便成为懦夫，在弱者前又力图显示他的强大，于是选择了毫无反抗能力的鸟类，以伤害或占有它们的生命为自己壮胆，我罪不可恕。

江阴城里的鸟打光了，我们到黄山去打，一个秋天的晚上，我和赵歌摸黑出击，钻进了黄山林场，在黑洞洞的树林里搜索良久，一鸟未见，无精打彩地回家时，无意中在一片低矮的冬青树林里发现了白头翁过夜的大本营。电筒照去，绿叶黄枝间，居然躲着四五十只白头翁，沉甸甸的果实一样，把树枝都压弯了，距离最近的只有咫足之遥。我和赵歌喜出望外，拼命地发射子弹，手打酸了仍不放弃，掉在地上翻滚挣扎的鸟儿都顾不上捡。那一晚，我们把打死的白头翁装满了两书包。

黄山的白头翁从此绝迹。

其他鸟儿也打得差不多了，我和大弟又坐渡轮到苏北去打。跟人口稠密的苏南相比，苏北还处在一种有待开发的原始状态，草多树多鸟更多，尤其是八圩那边，几乎每一个晒场上的麻雀都成群结队，而且特别傻，看见弹弓都不知道躲，每一次我们都满载而归，但过江毕竟要花钱买票，一张票一毛五分，我没有钱，因此，我这个失去目标的弹弓大王变得非常无聊。

城里的角角落落里偶尔还会蹦出几只麻雀，但个个黑不溜秋的，好像刚刚钻出烟囱，看见人影晃过就躲，再快的子弹也无法追上它，我管它叫鬼鸟或鸟鬼。

南街的兴国宝塔周围还盘旋着几只鸟，那是一群黑八哥，据说八哥能学人说话，叫声如画眉一样婉转动听，可我始终没听它叫过，当然更没听过它鸟嘴里吐出一句人话来，哪怕下流话。如果八哥不飞翔，不亮出翅膀上的白斑，看上去颇像黑乌鸦。八哥肉似有一股臭味，长相又难看，但并不妨碍我射击。我站在塔下，双目朝天，接连发射子弹，有一颗子弹掉下来差点砸在我脑门上，我险些击中了自己。于是，那群状如乌鸦的黑鸟只要不离开宝塔便会获得安全保障，它们似乎也懂这个道理，默默地蹲在瘦削如残剑的破塔上，俯视着失去鸟叫的江阴城。

我开始对学校的玻璃窗瞄准射击。

一块块的玻璃在我的射击中变得粉身碎骨，听着子弹击破玻璃一瞬间发出的爆响和嘁哩喀嚓的碎片声，心里总有一种莫名的快感和成就感。

一年级教室的玻璃窗给打破了，我转移到二年级教室，打着打着，我突然担心学校的玻璃资源有限，我怕几天就给我打光了，又发明了一种延长这种快感的方法，即先用自行车轴承里的钢珠射击，那小小的钢球在皮筋的强力推动下，变得居然像一颗步枪子弹，可以完美地在玻璃中央穿透一个小洞，小洞四周的玻璃照样完好无损，最多添上几条放射线，然后再换上石子轰击。

一些同学发现了我的乐趣，也端起弹弓，加入了击碎玻璃的行列。乒乒乓乓爆响几天后，江阴一中的教室里就没有一块完整的玻璃了。

复课闹革命后的一天，学校的体育老师在厕所门口拦住了我，问：钱五一，你知道你犯了什么错？

我以为是打鸟的事，闭口不答。

体育老师见我不做声，便提高嗓门，一字一顿说：学校里的玻璃都是你打破的，是不是？

我仍不做声。

体育教师急了：说话！

我无法回答这个问题，借口肚子疼，钻进了厕所，等我在厕所里磨蹭了半天出来，体育老师已经走了。

车老师，三十多年前我没回答你的问题，现在我向你承认：江阴一中教室里的玻璃至少有一半是给我打破的。如果这本忏悔录将来有一天能出版发行，我愿将此书的稿费捐献给江阴一中，作为当年我损坏那些玻璃的赔偿费。至于那些给我打死的鸟呢？它们的生命能赔偿吗？我不敢想象。

2002年春节的一个晚上，我和妻子站在江阴一中的门口往里看，校园里鸦雀无声，不见一点灯火，令人奇怪的是学校的门牌变了，由原来的江阴市第一中学变成了江阴市第二中学，不知何故。学校的大门紧锁，也找不到守夜的老师，心想不管怎么变，这里终归是我母校的校园。怏怏地回到长江饭店，路过前厅时，无意中听到一阵啁啾声，轻细低微，似有似无，循声找到花园里，在两棵枝叶茂盛的广玉兰上，我发现了一大群正在过夜的麻雀，车灯晃过，满树都点缀着雪白的鸟胸，白花一样盛开在绿叶中。麻雀总让人感到亲切，总让人想起老家，我静静地听了一会麻雀的喊喳声，突然想起这长江饭店与江阴一中只有一墙之隔，这群麻雀很有可能就是从一中飞来过夜的，它们的父辈也有可能是当年的大难不死者，想到这，我心里多少有了几分欣慰。

在那些胡作非为的日子里，唯一的受益之处是我读了一些书。也许是我擅长攀援，父亲便把我的床安置在阁楼上。一踩就咯吱咯吱作响的阁楼约有十五平方，除了我的小床占据了两个平方外，其余位置都堆满了书。父亲从未出过国门，但却酷爱外国文学，藏书中多半是外国名著，还有几大箱民国时期进口的《世界优秀美术作品》，非常精美，中国古代文学则十分稀少。记忆中，似乎只有《水浒传》、《红楼梦》、《牡丹亭》等几十部传统名著。

我不过是一只有幸掉在米囤里的老鼠，并非我天生爱读书，如果有别的好玩的，我肯定会毫不犹豫地放弃阁楼。只有当我玩累了玩腻了玩不出新花样了，我才爬上阁楼，坐在小床上看书。

老宅阴暗，父亲便热衷于往墙上打洞，但他的泥瓦匠手艺实在差劲，每个墙洞都打得歪七错八，不知是圆的还是方的，我的小床旁便有一个不规则的墙洞，阳光穿洞而进，投出一个不规则的白斑，我借光阅读，在书中我认识了罗曼罗兰、巴尔扎克、肖洛霍夫、杰克·伦敦、雨果、普希金、高尔基、福楼拜、莎士比亚……毫不夸张地说，我把家里所有的藏书看完了，包括《中草药辞典》、《昆虫记》、《人体结构》，还有一本父亲藏得十分隐秘的《野叟曝言》，这是个珍稀版本，属全本，文中的性描写比《金瓶梅》有过之无不及，如今再版的均是删本，或许作者夏敬渠是江阴人，父亲得地理之便，藏得此奇书。可惜那本书太古老了，纸面干枯，稍用力翻动便会化作碎片，后来不知丢哪儿去了。

毫无疑问，随便翻开哪本书都会遭遇生字，我也懒得查字典，囫囵吞枣，连蒙带猜，典型的一个好读书而不求其甚解，其结果是到如今许多字我会用不会说，一说就错。说起来也奇怪，上学的时候讨厌读书，不上学的时候却盼望读书，我性子又急，看到一本好书就想一口气看完，哪怕不吃不睡，这时父母便对我表现出极大的宽容，从不催我一句。把一本书一口气看完，这是我延续至今的老习惯之一。一些自认的好书我还连读了几遍，如《契诃夫中短篇小说选》、《马丁伊登》、《静静的顿河》、《约翰·克里斯多夫》、《惠特曼诗选》，心里曾幻想长大了也写几本这样的书，但到如今仍只是幻想。

父亲以他特有的宽厚及叛逆的个性，在那些最阴暗的日子里，给我们四个孩子创造了一个小小的文明空间。每到晚上，我家多半会大门紧闭，父亲和四个孩子各捧一本书，各以自我喜欢的方式和姿势阅读。母亲则在一边悄悄地做着她永远做不完的事。除了秘藏的《金瓶梅》、《野叟曝言》，家里所有的藏书都对我们开放。姐姐可以指着那些赤裸裸展示人体魅力的画向父亲请教米开朗基罗，我和大弟则可以当众翻看拉斐尔或提香的裸女。酷爱美术的父亲从不会破口大骂儿女看淫画淫书，相反他会眉飞色舞地给我们讲解那些伟大的作品，同时他会推荐几本书，如果推荐的好书只有一本那就显得格外珍贵，四个孩子都会争先恐后，等待那本书的心理过程，就如痴汉等情人。我和姐姐曾为争看一本书大打出手，当然，出手者是姐姐，我则成为挨打对象，一招即见分晓，赵践出其不意地拿起一支短笛，狠狠敲在我脑袋上，于是我疼得蹲在地上大叫，姐姐拿起桌上的书就走，得意洋洋。

晚饭后也是我们姐弟四个交流的好时候，四人都在扯直了嗓门现学现卖，话题简单而浅薄，譬如谁能背出《水浒》中的一百零八将？于连究竟是好人还是坏人？“袅晴丝吹来闲庭院”中的袅晴丝是不是蜘蛛网？姐弟间都以难倒对方为乐，互不相让，语言刻薄，嗓门大了，谁都听不清对方在说什么。这时母亲依然做她的针线活，不出一声，父亲往往只参与三分钟就躲在一边看书，喜欢凑热闹的是老外婆，不时插嘴，显示她的渊博，她总想以昔日老师的身份教导四个外孙，但结果多半是被四个没大没小的外孙反问得哑口无言。

写到这里我想留一点笔墨给我的小弟赵星。他从南菁高中毕业，赶上“文革”结束第一次恢复高考时，他已在农村插队两年多，临考前几天，也许他紧张过度，导致心理失常，居然荒唐地把自己的命运托付给一只才买来的鸭子，盯着棚子里的那只扁毛畜生，信誓旦旦地说：如果鸭子在星期六早上生蛋，我就能考取大学，反之则不中。

我和大弟认真审视了那只鸭子，甚至还检查了它的屁股，认定它是一只公鸭，显然不能下蛋，但又不敢说破，只能忧虑

地等待着赵星的幻想破灭。

愁肠百结的父母强作镇定，给赵星做了无数次心理疏导，均属无效。半夜里，我听见父亲在阁楼下叹息：四个小孩，就星星读完了高中，也就指望他上个大学，可他现在这个样子，怎么办啊……母亲一声不吭，也许是睡着了。

终于熬到了星期六早晨，赵星喃喃自语着，一脸神圣地把手伸进了鸭笼摸索，片刻后他发出一声惊叫，奇迹出现了，他手里居然抓出一只青白色的鸭蛋，我和赵歌目瞪口呆。

小弟把那只公鸭生的蛋如圣物一样供奉在自己的小书桌上，然后以良好的心态参加了高考，获得了无锡地区总分第三的好成绩。

事后在很长的时间里，我都无法解开这个公鸭生蛋之谜，直到前年赵践才告诉我：那只鸭蛋并非鸭子所生，而是母亲悄悄放进去的，我深深地为母亲的爱所感动，只有母亲，才会把母爱化作心理学大师的神奇，也多亏父亲，他为儿女创造的自学环境，让我们多少打下了一点文化基础，也使赵星以自身的力量，跨进了大学之门。六年后，赵星以国内第一个专攻微分几何的硕士身份，毕业于南京工学院及武汉大学。

学校里无鸟也无玻璃可打了，也不上课，但我依然爱去学校，她毕竟是我读过一年初中的地方，又玩了些日子，一个“红铁军”战斗队的人找到了我，带我去参观他们的司令部，我深感荣幸，跟着他就走。

红铁军原先是我姐姐任司令的红总司的一部分，据说他们与红总司的思路不一，产生了分歧，于是另立山头，但名义上还隶属保皇派的学生组织红总司。这个组织成员基本上都是男生，都是些拳头大脚头硬的狠角色，司令好像是我姐姐的同班同学，姓言。在我的印象中，言司令瘦削，腮部咬肌突出，目光锐利如鹰，但言语很少。据说他练过武功，我亲眼见他把一片瓦竖在地上，然后挥动一个手指，一角一角地将瓦切开，瓦片切开处边缘笔挺，酷似斧砍刀削。还有一回言司令大概想给大家露一手，从四楼的屋顶上抓住一根排水管往下爬，我发现他的手有如金钩铁爪，仅用手指的力量就支撑起身子，嗖嗖嗖地爬到三楼，只见那根用薄铁皮做的下水管突然变得像根烂面条，软绵绵地垂落倒地，言司令急忙松手，双脚在墙上蹬了一下然后以屁股落地，只听见砰的一响，言司令竟毫发无损地站起身子，说：看，屁股上的裤子都没破，一点不疼。

我和那些小男生一样，把言司令他们看作绿林好汉，又敬又畏。听说想参加该组织的人很多，但基本上都被拒之于门外。我以为他们看中了我弹弓的准确，将邀请我摧毁一只鸟巢。

邀请者把我带到江阴一中的后院，在一幢红色的三层楼前停步，说这儿就是红铁军的总部，要我上楼去见司令。我走到楼梯口却见大门已被粗大的木棍钉死了，绕着墙找了一圈，没发现有第二条通道。

这时邀请者暧昧地笑着，示意我看一根拔河绳，那根粗壮的绳子悬空系在一棵大树的顶端，就是爬上去也不能马上到达三楼，要抓着绳子让身子来回晃荡，然后借势跳到大楼的一块楼板上。显然这是加入红铁军战斗队的第一道关口，幸好爬树爬绳都难不倒我，我抓住拔河绳，全用手臂的力量，一下一下快速将自己提升到三楼，这时我发现在浓密的树冠中绑着一把藤椅，一个学生坐椅上作哨兵守望状，我朝他点点头，把身子荡了一下，就踩上了三楼的地板。

在二楼的一个教室里，我见到了言司令和其他几个头目，言司令眼睛很亮，默默地看着我，一言不发，仍有一种不怒自威的力量。一个头目说：商量一下钱五一加入红铁军的事。

于是他们就开始当着我的面商量。

一个说：他弹弓打得好，可以参加。

另一个说：他会爬树。

还有一个说：他的姐姐是司令，他参加对我们有利。

除了第三句话，我对前两句都非常满意，没想到在他们眼里我还是个很有本事的人。

言司令说话的声音很小，听不清楚，不知是同意我加入还是不同意。但此后红铁军的大门对我敞开了，我想什么时候去就只管抓着那条拔河绳爬上去。他们也时常慷慨地带我去参加一些大型的群众活动，我可以跟着他们一起拍手，一起喊口号，一起游行，一起去当时最大的一个保皇派组织总部偷压缩饼干、偷汽水、偷红烧肉——有一回我们钻进食堂，把一大锅专供总部头目吃的红烧肉统统吃光。

严格地说，红铁军驻地的三楼算不上一层楼，只是个人字形的大顶棚，阳光穿越老虎窗，在阴暗的地板上投出一个个雪白的正方形。棚子里粗壮的柱子林立，低矮异常，走路须弯腰驼背。在那儿，我喜出望外地发现了学校图书馆的绝大部分藏书，匆匆搜寻片刻，发现一本《人体构造图解》和一本讲解什么是爱情的书（书名已忘）。从小学到初中，老师从未讲授过这方面的内容，我决定自己来补习这一课，可把两本书取下来一翻，书中的重要章节都已被人撕走，显然撕书者比我更渴望补习这门课。

当年的中学生也有早恋的，但比较含蓄。一些多情也多嘴的高年级同学喜欢搞嘴巴快活，把许多男女同学给予理论上的搭配，不知根据什么逻辑。言司令的女友是二年级的一个女生，军师的女友是我姐姐，排到后来，他们乱点鸳鸯谱，居然也给我指定了一个女友，这是邻班的一个女生，又瘦又小，长一双眯眯眼，走路特快，于是得了个外号叫一阵风。在这以前我从未和“一阵风”说过一句话，可每当我和她出现在同一个场合，一些同学便会挤眉弄眼，怪叫我和一阵风的名字，弄得我很尴尬，当时我对男女之情还是个十足的糊涂蛋，但对女同学长得好看不好看心里还有数。我愤怒极了，你们的女友个个漂亮，为何给我挑一个最丑的？于是我绝对不理一阵风，

看见她就逃，大概一阵风也听到了传闻，有一天主动来找我，问：你为什么不跟我说话？

我说：我为什么要跟你说话？

一阵风说：同学之间说说话也不行？

我说我就是不想说话。

一阵风说：你现在就在跟我说话，这也算。

我说：不算。

一阵风火了：不算拉倒。

我说：拉倒就拉倒。

一阵风见我一副凶样子，扭头就走。

我决定永远不见她，掏出弹弓射击，把一粒子弹打在一阵风身边的墙上，击落一大块石灰。

一阵风脸都吓白了，回头惊恐地看着我，从此她再也不敢跟我出现在同一场合，我如释重负。

那些多情同学的性幻想很快就化为泡影，如果谁真有一点朦胧的感觉，只要敢于流露，便立即给家庭和社会扼杀，许多当年被认为十分般配的男女同学成人后绝无一对成为夫妻。除非我孤陋寡闻，在当时的学校和战斗队里，我确实没听见过一件有关男女之间的龌龊事，其实当时我挺喜欢那位军师，他身材高大，脑子精明，文雅，俊秀，颇像那个演戏的赵文卓，对我也相当友好，我认为他做我的姐夫挺合适，但我那个革命的姐姐看见他比我看见一阵风还凶，马上板起脸，嘴里吐出的都是一套套的革命大道理。

一个炎热的晚上，我跑到长江饭店去看热闹，大批武装人员聚集在那儿，个个荷枪实弹，气氛紧张异常。花园里摆着一门自制的小钢炮，炮口瞄准了大门。有人介绍说：这门炮可是个新发明，炮弹里装着几百颗自行车轴承的钢珠，一旦射击便可形成一大片扇面状的弹雨攻击敌人。这时有人传话来说：血防站那边出事了，要人迅速找到钱五一，把他带过去。

我感到荣幸：大人找我，无疑找我做大人做不了的事，没容我多想，红铁军的人便把我带到江阴血防站门口。

血防站门口是一条通向东门的马路，为防止敌人偷袭，路边的路灯几乎都已经熄灭，只有血防站门口的一只大灯泡还亮堂堂地高挂在电线杆上，洒下一片白光，照出一排黑亮的枪口。一个大人踮着脚，双手举着一根长长的竹子正在抽打那只灯泡，企图将灯打灭，但竹梢太软，一挨着灯泡就滑开了。

有人举枪瞄准了灯泡：火烧眉毛了，一枪打掉算了。

顿时有人劝阻道：不能打，一开枪敌人就听见了。

红铁军的人高喊一声：让开，让他试试。

我走到了电线杆下，我掏出弹弓，我只用一颗石子便将血防站门口打成漆黑一团。

人群中响起一阵叫好声，伴随着一阵掌声。

我感到无比自豪。

也许那种自豪跟眼下的奥赛金牌得主的自豪差不多，都

产生了发自内心的快乐和自信。

当为人父母者只为残暴、为顽劣而鼓掌喝彩时，孩子便找到了学习的楷模。

于是我背着满满一书包石子，揣着弹弓，整天跟在大人屁股后头瞎跑，时刻准备着文攻武卫，我根本不知道弹弓将瞄准哪里，也不知道石子将射向何方，幸好再没人命令我拉开弹弓瞄准。可不知何故，有一天我突然厌倦了那种生活，悄悄离开了红铁军。

也许是内心一天天增长的恐惧驱使我离开，我亲眼见那些文工武卫的人殴打一个俘虏，当众将其脱得赤条条的，先左右开弓抽打耳光，每一记耳光都在脸上留下一个鲜明的五指掌印，边抽边讨论到底是正抽痛快还是反抽痛快，再是暴雨般的拳打脚踢，接着又用一把铁制的汤勺抽打，那把汤勺很长，底部有一个锐利的破绽，每次击打便会在俘虏的皮肤上烙上一个汤勺印，鲜血顿时渗出，地点，就在长江饭店的院子里。围观者很多，不时响起叫好声，不时有人上前打出一两拳，无一人劝阻。我想象着那把铁汤勺落到自己身上的情况，居然皮肤上也会产生一阵阵刺痛。每当俘虏无力地呻吟着企图逃离时，旁观者便不约而同地围成人墙，挡住他的去向。

我感到毛骨悚然，悄悄走了。

也许跟二旺的冲突也是我离开红铁军的原因之一，时至今日，我已记不清那天是为什么争吵，玩，还是对某事观点不同？反正两人吵得很凶，比我高一头的二旺突然从腰里拔出一把匕首，飞掷过来，我身子一闪，匕首激射到一棵枫杨上，刀尖扎入树身。至今我仍坚信二旺只是想吓唬吓唬我，并没有伤害我的意思，要不他身高力大，完全可以把我掀翻在地，然后再拔出刀，完成一个漂亮的刺杀动作。

更倒霉的是我捡到了一把匕首，那家伙形状优美，雪亮风快，不知谁掉在红铁军驻地的门口。于是我把刀子带回家，先给两个弟弟欣赏，获得了一阵称赞后，我把他们带进废墟，我在菜地里飞跑着，嘴里嗨嗨作声，旋风一样舞着刀，想象自己就是一个天下无敌的剑手，对准那些青菜萝卜大蒜和野草狂砍乱削，刀子挥过之处的植物纷纷掉了脑袋，我得意非凡，最后一刀我准确削飞了自己的一块小腿肉，顿时鲜血流淌，小弟惊叫着找来了父亲。父亲严格按照程序给我疗伤，先在草丛中寻找那块小腿肉，但腿肉去向不明，于是父亲在伤口上涂满红药水，包上纱布，贴好橡皮膏，然后趁势把我按在他的膝盖上一阵死打，嘴里还骂道：再去疯，再去疯……

跟候毛的吵架也促使我离开红铁军，现在也记不清为何争吵了，想来一帮半大不小的男孩成天在一起厮混，成天看着人家打打杀杀，自己也想着打打杀杀，其结果不是跟外头人打便是跟自家人打。

那天也吵得非常厉害，吵完后便是我边哭边追边用弹弓射击候毛的屁股，候毛则边叫边逃，逃得像猴子一样敏捷，从一个教室窜进另一个教室，而且成功地运用屁股的扭动摆脱了我子弹的追击。但我抓住机会，趁他拐进一个教室大门稍稍停顿，及时射出了一发子弹，子弹击中他屁股，候毛惨叫一声，摸摸屁股便转身向我扑来，我拉开弹弓瞄准了他的胸口，但不敢射击，于是候毛三两下将我打翻在地，然后骑在我的身上，幸好一帮看热闹的同学上前来扯开了候毛，否则那天我肯定会鼻青脸肿。

于是我离开了红铁军，我再也没攀爬过那条长长的拔河绳。

我从心里感谢二旺感谢候毛，是你们的无意之举让我及时离开了红铁军。我的弹弓射击历史从射鸟到射玻璃到射灯泡再到射击候毛的屁股，已发展到一个最危险的阶段，再往后无疑是瞄准了同类射击，是你们二位让我及时刹了车，否则前景不可想象。我在此郑重发誓，除了候毛的屁股，我从没射击过人体的别的部位。当然，射击主要对象鸟类的消失及掷铜的诱惑，也促使我对弹弓的兴趣日益淡漠。

掷铜，属一种带有游戏性的赌博，即找一块脸盆大小的石墩，甲方把一件铜制品放在石头中央，乙方用另一件铜制品去掷石墩上的那件，要是你手头准运气好，被掷出石墩的那件就算归你，要是你眼神差运气差，不但没将对方的东西掷出，反把自己的东西留在石墩上，那倒霉的就是你了。

掷铜一般是由小到大或以小博大，先掷铜板铜钱，再掷铜锁铜碗铜锅铲铜茶壶。对门的石奇先输了一堆铜杂件，气急败坏地回家去拿了一只很大的铜汤婆子来掷，不幸的是汤婆子一落手便不偏不倚地稳坐在石墩中央，对方以兔博狮，只用一把铜锁便将汤婆子掷飞。石奇回家挨的那顿打，我至今都似乎能听见他的惨叫声。

黄铜，一块一斤，紫铜，一块五一斤，这是当时废品收购站的铜价，现在黄铜紫铜值多少钱，我不知道。

我家没什么铜杂件，衣柜里有两只油光水滑的铜汤婆子，我看了几回摸了几回想想石奇的惨叫声便不再打它们的主意。

我带上赵歌到学校里去偷铜。

江阴一中的前身是美国教会学校，装璜气派，用料讲究，在我的记忆中所有装饰件都是铜。可当我们赶到学校一看，早有人捷足先登，那些铜拉手、铜插销、铜锁已被撬得一干二净。我转了半天，认定学校里还有铜，但要花工夫找。当时我真想发明一种仪器，像吸铁石吸铁那样，拿出来一吸就把学校里的铜都吸到我身边。

爬到学校主楼的三楼，发现一间教室的门半开半掩着，想起来这是老师集中学习的地方，窃铜者也许顾忌老师，不敢下手，兴许这间教室里还有铜。走进门一看，果然见两副铜插销在窗户上闪闪发光，我很想把它们连根卸落，可手头既缺乏工具，又怕撬声引来老师，于是只用力扳断两粒铜珠（插销上的

抓手)，赶快窜出门。那两颗可爱的小铜珠我舍不得卖，在我的裤袋里叮叮当当磨擦了好多天。

又窜进了一(3)班教室，这便是我读书上课的地方，在乱糟糟的教室里玩了一会儿，赵歌捡起一支粉笔，画了一黑板的鬼脸。我拉了拉开关电灯不亮，心想电跑哪儿去了，这时有如鬼使神差的，我和赵歌用凳筑梯爬上天花板，钻进一个小小的气窗。

阳光钻进层层叠叠的布瓦缝隙，投出一道道弥漫着灰尘的光柱，把我和赵歌照得时黑时白，有如鬼魅一般。隔层很矮，我们只能弯着腰摸索，抬头望去，果然电线已给剪去了大半，四散的线头如扭断的藤萝悬挂在墙头，我取出剪刀，随便剪了一根约有五六米长的电线，胡乱揉成一团便离开了教室，心里充满了犯罪的感觉。

回到家里，将电线绕在一根细木杆上，然后将木杆抽出，用榔头将电线敲扁，再用火烧掉电线外的胶皮，电线便变得像一根敲扁的弹簧，呈新鲜的紫红色。我把它丢进马桶闷上几分钟再用火钳夹出，铜串子已挂上一层薄锈，有如出土文物。我记不清当时我去换了钱还是去赌输了，好像是去卖了钱，因为我天性不爱赌博。

电线我就去偷过这么一次，而且是在自己的教室里偷，往后没敢旧地重游再偷第二回。不知为何，跟打鸟打玻璃不同，前者也是坏事，但心里还有几分坦荡，偷电线总让人产生犯罪感，总觉得自己就是小偷。

矫情也罢，虚伪也罢，做作也罢，在这里我必须慎重道歉：

我向我打死的每一只鸟道歉！

我向我的母校江阴一中道歉！

没到成年，我就放弃了弹弓，十八岁成人后也就不再从事偷窃，更没与他人拳打脚踢过一回，过去的一切似乎都已成为过去，但少年时代的暴力倾向依然在我心里打下了烙印，体内时常有一个挣不开摆不脱的魔影隐隐咆哮，渐渐又迁移到一些似乎与人类无关的动物。我曾采集过几年的蝴蝶标本，曾一人带着一把昆虫网，独闯张家界、神农架。我蓬头垢面，满身灰土，晚上，我曾露天半躺在一个山区小车站的大门口，脸上盖着两张破报纸，在神农架的深山老林里我独自游荡了两天，沿着一条小溪攀爬到山顶，采集到了极为珍贵的黄裳凤蝶——属中国七大珍蝶之一。临返的前一天，在神农架的一座山脚下我被四只恶狗包围，居然临危不惧，用昆虫网作武器，胜利地从恶狗的包围圈中突围。至于扼杀一只只活生生的蝴蝶，我眼皮肯定不会颤抖，两个手指对准蝴蝶胸脯一捏，便可将其捏昏，至今我仍保留十几盒蝴蝶标本。不知从哪天开始，我突然感到如此对待蝴蝶有点残忍，应该让孩子们看到它在公园里或荒野中生命的舞蹈，便放弃了采集蝴蝶标本的爱好，但暴力倾向依然存在。我屡屡将女儿的宠物狗一踢几米远，还吹牛说，如果举办世界性的踢狗比赛，我肯定拿冠军。

我不止一次出手殴打那只见了屠夫都会摇尾巴的京巴狗，打着打着，那狗竟然会放弃一切抵抗，四肢朝天，大眼睛仍天真地看着你，由你踢打。这时妻子往往会跑来说：你没发现你在打一个布娃娃？无聊！女儿则站在一旁抹着眼泪警告……与我共事过的朋友都说我有一股杀气，每听此说我就非常害怕，也许忏悔是个摆脱杀气的办法，写这篇文章也是摆脱的方法之一。但愿老天保佑我：有生之年，我有足够的理智与我内在的杀气搏斗。

我无力谴责和埋怨制造我丑行恶性的年代，但我应有足够的理性力量去战胜那年代遗留在我内心的魔鬼。

1968 年 12 月，我结束了初中学习时代，从江阴一中毕业，严格地说，我只上了半年即一学期的初中，其他时间都在瞎胡闹。12 月 28 日，我插队于江苏江阴顾山公社五大队五小队。

在结束我初中时代的叙述前，还有一个我家中的重要人物没有涉及，那就是我的外婆，为图便利，我将已发表的一篇短文转载如下：

外　　婆

外婆牺牲了，明晨火化，晚上八点，大弟在手机里对我说。是大弟的调侃还是真有其事，我确认后者。一想没有夜班飞机，急忙拦住一辆出租车，问：明天上午八点前能否赶到江苏江阴，回答不行。又问几辆车，司机都想做这笔生意，但一算一千多公里，都只能摇头拒绝。外婆，对不起！我不能来送你了。呆立在车水马龙的武汉街头，我发现自己泪流满面。

外婆俞君淑，瘦，矮，三十多岁时因患乳腺癌，给草头郎中割去一只乳房，郎中说：三年不死，必享高寿，三年没过，郎中暴毙，外婆越过一劫，但大难不死，人显干瘪。我见过她年轻时的一张照片，用古语形容是明眸皓齿，小巧玲珑，最好看的是眼睛：黑、亮、宁静，典型的江南女子。当时我很吃惊，心想照片上的外婆跟生活中的外婆完全不一样。生活中的外婆，最少有三怪：一怪是呻吟，每天晚上，从侧厢房里总要飘出一阵阵呻吟，似哭非哭，似嚎非嚎，而且抑扬顿挫，可穿透板壁、砖墙，直达你心里，听起来心惊肉跳。我爹我妈过去探望，外婆多半指着肚子，坚定回答：这儿长个包，第二天去医院一检查，什么毛病也没有，但每晚的呻吟一如既往。二怪是吹牛，吹吹自己做饭做菜做针线活的手艺也就算了，可她还要吹天文吹地理吹历史，也真敢，其实，她只当过几年的小学教师。三怪是胡搅蛮缠，菜里多放了盐，绣屏上少了个针脚，她可以批判我妈个把月，可怜我妈一辈子没跟别人吵过一回嘴，只会忍气吞声。我十五岁就插队去了，我妈与这个近似疯狂的外婆朝夕相处，心里是怎么想的，只有天知道。更荒唐的事情还有，“文革”中，外婆莫名其妙地与某位亲戚里应外合，联名给

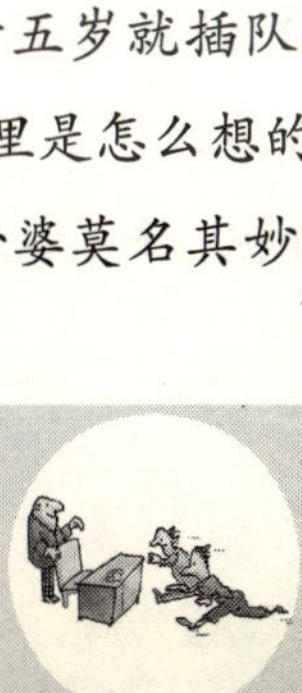

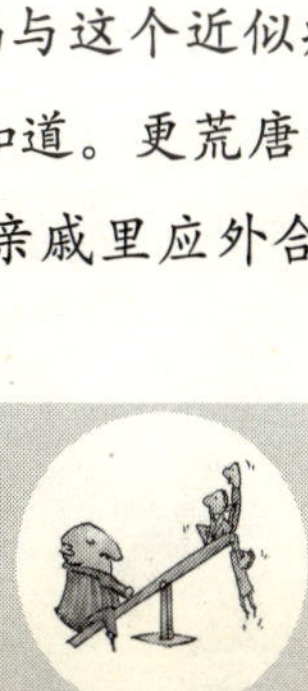

省作协写信检举我爹是地主分子，当时我父亲已因某篇小说被打成“黑帮”，突然间又成“地主分子”，顿时雪上加霜。亲人的诬陷出卖，让父亲困惑痛苦了一辈子。最清晰的一个镜头是一个深夜，厢房里传来异响，门却紧关，我偷偷看一眼便吓了一跳，父亲状如老鼠，一头泥汗，半蹲半爬在地上，用菜刀撬开地面上的青砖，挖了一个半人深的大洞，把《莎士比亚全集》之类的书用塑料纸裹起来，一包包地藏进去。明天，红卫兵要来抄家了，书是父亲的命。

于是，外婆便成了我们这个家的“敌人”。这个家本来就没大没小，我们姐弟四个，动不动就对外婆放冷枪，什么老妖怪、痴子、吹牛大王等等，最后还导致了一部中篇小说的产生，九万字，发表在《十月》上，书名就叫《不可救药的外婆》，作者，是姐姐。

外婆也有高兴的时候，很少，一次是江阴市举办书法比赛，她居然以八十三岁的高龄获得第一名，于是她梳整齐头发，打一顶纸伞，穿一身不知哪个年月的花旗袍，颠颠地跑出去逛了半天街，跟凡是看她一眼的人都说说话，回家时红光满面。我们马上给予迎头痛击：你那几个歪歪字还能叫好？要好你怎么不去拿个全省第一全国第一回来？外婆乐极生悲，愤怒反击，但在我们的合力批驳下，外婆的抗议只能化为呻吟。

没见过外公，妈说：外公抱过她一回；姨说：外公没有抱过她。外公于1954年被日本人炸死在合肥。顺便说说，前年我在北京拍戏，有位经常上封面的女演员对我说：我好喜欢日本人哟……我说：如果你在江苏说这话，没准会挨耳光。我认识的江苏家庭，日本人几乎都欠下了血债，当年我插队的那个小村，五十岁以上的妇女都遭到过日本鬼子的轮奸。

在很长一段时间里，我对外公充满了兴趣，我姓外公的姓，但不知道外公干什么，不知道外婆是他大老婆还是小老婆，听说外公有几个老婆，我和我姐认定外婆是小老婆，要不脾气不会坏成这样子，直到1996年回家探亲我才鼓足勇气问外婆，外婆勃然大怒，拍了一下桌子：我是堂堂正正的元配夫人，外公是省教育厅长……后来妈妈悄悄告诉我：外公可能不是教育厅长，他早年毕业于中山大学，后主管华东地区的蚕茧丝绸，其他，妈妈也不清楚。从此，我对外公失去兴趣了，我不再打听他的底细，只是朦朦胧胧意识到，外公在世时，外婆不像真正的外婆。外公去世后，外婆却为他守寡守了半个多世纪。

外婆，对不起，我不该在你去世后张扬你的隐私，但你实在太孤寂了，作为外孙的我除了把你留在心里，还想用一篇短文来证明你的存在，你这辈子似乎只留下一声叹息一句呻吟，你给别人同时也给自己制造的种种烦恼和痛苦也许只有一个目的，那也就是证明你的存在。耳边又仿佛传来你的呻吟，轻细低微，时隐时现，但此时却撕心裂肺。

外婆，你是不是在呼唤什么？一句问候、一杯茶水，还是一副臂膀？你在世时没有盼到，你去世了我向谁说？

无奈中，取出外婆的两件遗物：一件是枕套，鸳鸯嬉水图，是外婆当小姑娘时亲手绣的，堪称苏绣的精品；另一件是一幅书法《逍遥游》，一千多个娟秀的行楷赫然入目。这是外婆临终前专门给我写的。外婆，你一辈子没有逍遥过，现在你是否跟庄子梦中的鲲鹏一起逍遥游了呢？但愿是的，我开始祈祷。心里却只盼望早点回老家，在外婆的灵位前说说心里话，然后问一句：外婆，我是否理解了你？

四

出江阴南门，可见一条古人开掘的小运河，蜿蜒流行六十里，便可到达我插队所在地顾山，当时没修公路，要去顾山，只有水路一条。

河水荡击着古老的青石码头，橹声欸乃，一条条褴褛寒碜的乌篷船在河面上来来往往，醒目的是一艘啪啪作响的小火轮，烟囱酷似老绅士的大礼帽，浓重的黑烟在清亮的水面上蔓延。舱内依窗摆满了长条凳，乘客十有八九是农民，装满鸡鸭鱼肉和各式蔬菜的箩筐提篮随处可见，一只粉红的小猪崽子钻出箩筐，在乘客中乱窜，一个农妇大喊大叫着，从船头追到船尾，才捉住那只险些投江的小猪娃。

舱内拥挤，散发着刺鼻的烟草味，农民们多半抽烟，也许干活时插旱烟，即用短竹根做的旱烟杆，农闲休息时抽水烟，白铜或黄铜制的水烟袋随处可见。如今这铜制水烟斗已被一些人当古董收藏，不知现在的江阴人还抽否？于是坐着无事的乘客大半抽水烟，用火镰（一块弯形铁片）拍拍拍地敲打着火石，片刻后便溅出星星火点，将一边等候的纸眉点燃。然后再用那似乎永不熄灭的纸眉点燃烟丝。

船上异人多，我头回上船便大开眼界，一个红光满面的江湖郎中正提高了嗓门炫耀他治疗跌打损伤的本事：落枕算啥？我包，不消针灸，不消拔火罐，不消刮痧，半个钟头包你见好。脖子歪了想扳正更是容易，但这是祖传绝活，传子不传女，平时滴水不露的，看你疼狠了才告诉你，在炉子上烧一把火钳，要看铁条烧得通红才拿在手里，你脖子往左歪是吧？我就跟你说话，说话，说话说得你忘记吃忘记喝忘记娘子时，我刷的一声，把烧红的火钳从你左边鼻尖前刺过，放心，挨不着你一丁点皮肉的，我手头准，你被吓得一哆嗦，脖子自然本能地往右拐，瞧，你的脖子连着脑袋不就正过来了？那个歪着脖子的家伙听得连连点头称是，下船后便跟他走了。如今我患有严重的颈椎病，脖子往右拐了过去就很难回位，针灸无效，火罐无效，多次想试用这方法治疗，还动员老婆一次，但终究不敢。

插队前我母亲准备了个把月，亲自纳了一双厚厚的千层底鞋底，再缝上黑灯芯绒的鞋帮，又把她自己穿旧的一件卡其布大衣翻面翻新，即把里子朝外，缝制成一件新两用衫给我。在我眼里，母亲有一双天下最巧的手，她不但能写一手工整秀丽的钢笔楷书（我父亲创作的《徐霞客传》、《刘天华传》、《倪云林传》等六七百万字的作品全由我母亲抄写），还擅长绣花织衣，记得父亲有一件被虫蛀得千疮百孔的羊毛衫，扔在垃圾堆里，估计乞丐也不会有兴趣，母亲却耐心地将其抽出丝，搓成线，染上色，再用手工编织几天，便成了一条漂亮的大围巾。平时家里有什么疑难活我们总会去求助母亲。母亲只会轻轻地咕哝一句：我又不是皮匠，大概母亲把皮匠泛指能工巧匠，但不是托辞，说完后母亲就会去默默地探索，比如在墙上钉个钉子什么，十有八九她能解决你的疑难。那天母亲还熬了一大瓶猪油，油里掺了盐，熬的时候异香扑鼻，我口水直流，母亲不准我吃，把装满猪油的瓶子塞在行李里，要我带乡下去。

小火轮在清澈的河水里行驶了九个小时，两岸似乎也没看到特别精彩的景色，不外是大片大片的田野、茂盛的树林野草，但视野顿时变得开阔无比，稍稍扭动脖子，远方轻描淡写的山、朦胧的树便映入眼帘。眼睛在辽阔的空间中似乎得到了休息，不像在城里，双目始终紧张聚焦，只能看墙看人之类的近景或大特写。

河滩上，一根纤绳紧绷如弦，几个脸挨地背朝天的纤夫引起了我的兴趣，似乎在哪张油画中见过这个场面，但转瞬即逝。当时我没有料想到，一年后的一个夏天，我也成为谁的记忆镜头中的一个纤夫，与阿发、海根等人脱得赤条条的，弯腰驼背地拉着一条纤绳，将一条三吨重的水泥船从顾山拉到了江阴。拉纤两天，船上开火难，就做了一锅饭，每当开饭时，就顺手舀点河水泡在冷饭里，连水带饭吞进嘴，奇怪的是没拉过一回肚子。

到达顾山码头时，五大队五小队的徐队长专门到船码头来接我和另一个名叫刘军的插队青年，送行的街道干部把我介绍给迎接者。

徐队长瘦矮，皮肤却很白，一双聪明的眼睛在瘦脸上骨碌碌转动。另一个青年农民名叫阿发，这是个高大强壮的汉子，窄脸上嵌着一双眯眯眼，往上是一头高耸的乱发，蓝土布衣裤布满了大洞小洞，在风中瑟瑟发抖，破绽处不时露出白肉。我没见过破成这样的衣服，心想他怎么不怕冷，不免多看了几眼，阿发赶紧憨憨地对我笑，眼睛眯成了一条缝，态度十分友好。徐队长也不说话，只是点点头笑笑，便带着我们上路。

在顾山镇的街道上走两百米，便出现一条两米宽的土路，刚下过雨，小路泥泞不堪。刘军问徐队长：到五小队有多远？徐队长说：四里。

我一想四里不远，马上要看见自己的新家了，又高兴起来，想象着新家的模样，是瓦房、板房？我希望是一间散发出云杉味儿的小木屋。可身上的衣服却突然让我不自在，那女式大衣改制的外套是大翻领，我怀疑穿在我身上有点像女人衣服，老担心徐队长或阿发问我衣服的来历，幸好胸口挂着一枚巨大的毛主席像章，亮闪闪的，在一帮粗服乱头的农民中显得很醒目，他们胸口连个最小的像章都没戴，又产生了几分鹤立鸡群的自豪感。眼前的一切都感到新奇，不时东张西望。

走着走着，脚下的路似乎变得越来越长，也愈发难走，徐队长不时提醒这儿有坑，那儿有坎，可路过一个名叫古塘的村口时，我不幸滑入一个泥坑，随即来了个侧滚翻，可怜母亲为我赶制的新衣服顿时糊满了泥巴，新棉鞋也变成两个泥坨子，徐队长过来看一眼说：不要紧的，风大，吹干了拍一拍就干净了。我咧咧嘴想哭，但一想在公共场所流泪不好，硬把眼泪憋了回去。

又路过一个小村庄，只见村里竖着一株大树，时值冬季，树叶已落，庞大的树冠仍如一把大伞，几乎罩住了整个小村。阿发又介绍说：这是红豆树，年纪很大，有一千多岁了，在江南一带很有名的，树上面结的红果子又硬又红，可以做女人戒指，我以后找几颗来送给你，你自己留着也行，送给你娘子也行。我包你娘子喜欢。我心里还在为自己的衣服懊丧，似听非听，不知道他说的娘子是娘还是娘的儿子。

后来我才知道，农民说一里路你至少要做好走两里路的思想准备，但农民绝不是骗你，因为他们基本上缺乏里程的概念，也不可能去一米一米地测量，因此当我们到达插队落户的俞家堂（即五小队）时，天快黑了。

在徐队长家吃了一餐很香的饭，阿发便带我们去看村里为我们准备的新家，我很兴奋，跟着阿发就出了门，徐队长似乎想阻挠，但嘴唇动了动又没说话。

三间歪歪倒倒的茅草屋出现在眼前，状如我小时候在江滩上搭的泥巴房子，屋顶上铺盖的稻草绝对够年头，已风化成一砣一砣的糨糊状。破衣褴衫在寒风中飘飞的阿发介绍说：左边屋里住一个老头，光棍，右边屋里住一个太婆，也是光棍，两个光棍本来是夫妻，但合不来，分居了，这中间的一大间是专门给你们留着的，走，进去看看。

走进茅屋，我就看见屋顶缝隙间闪烁着一道道天光，泥墙上布满了大小不一的窟窿，大洞大如西瓜，小洞细如虫蛀蚁啃，针眼大的洞，磨盘大的风，这话一点不假。寒风一阵阵地钻进墙缝，我站在那儿看着自己的新家浑身发冷。泥地上陷着几个大坑，似乎是什么巨大动物打滚留下的痕迹，四周还遗留着一堆堆同样巨大的粪便，我正琢磨这是否牛粪，阿发过来说：队里就一头牛，刚死，吃了，你别担心，队里现在拿不出钱来买牛，没有牛来住了，你安心住吧。这时徐队长来了，吩咐众人铲除牛粪，用稻草塞住墙上的窟窿。

到了晚上，徐队长又搬来一张大架子床，黑黝黝的。徐队

长说：这床是一个刚死的五保户的，蛮结实，刚涮过，谁要？

刘军说：我想睡竹榻。

我说：我就睡这架子床。

于是我在那张床上整整躺了三年。

天黑了，乡下的夜和城里的夜似乎一样黑，唯一的差别城里拉灭的是电灯，乡下吹灭的是油灯。我躺在大架子床上，鼻腔里充满了那头老牛的气息，怎么也睡不着，又无钟无表，不知几点了，脑子里净在胡思乱想：我为什么要下乡？乡下怎么一点不好玩？爸爸妈妈睡了没有？大弟小弟正在玩什么？我一个熟人都没有，往后我怎么过日子？难道我一辈子就住在这破茅屋里？

想到后来，我悄悄地哭了起来，之所以悄悄地，我是怕隔壁的刘军听见。刘军也是江阴市里人，但下乡前我并不认识，听说他是劳改释放，后来才知道是劳教释放。跟我要好的两个同学原本约好了一起下乡同村插队落户，也写了申请，不知为何把那两个同学分到另一村，离俞家堂足有三里路，把我和一个坐过牢的摆在一间牛棚里，他因何罪劳改？偷？抢？杀？我一无所知，难道我接受再教育的第一课就这样开始？

大概到了后半夜，我听见床底下传出一阵轻微的声音，很有点奇怪，点亮煤油灯往床底下照去，只见黑暗中闪烁着一双乌亮的眼睛，我吓了一跳，惊叫一声。

刘军肯定也没睡着，因为他转眼间就到了我房里，一听说床底下有双眼睛，他面无惧色，找了根钉耙棍，胡乱往床底下刺去，嘴里还狠狠骂道：贼，贼骨头，出来！

那双眼睛的主人嗤溜一声钻了出来，是头红红白白的小猪，袅动着一根细尾巴在茅草屋里乱窜。我和刘军又惊又喜，便丢了棍子施展空手道捉猪，如猫捉老鼠一样，我们捉了又放，放了又捉，闹腾了一晚上。结果，这下乡落户的第一晚我过得很快乐。

第二天，隔壁的孤老婆子过来敲门说：我家的猪钻你屋里去了。

我问：猪住在什么地方？

孤老婆子不答，把小猪抱走了。

从那天起，隔壁猪圈里的猪再也没来侵犯我的领地，肯定是孤老婆子把猪圈通向我床下的窟窿堵死了。

写到这里我感到乏味，再如此往下写便会变成一本不折不扣的流水账，况且跟那些在北大荒，在新疆群啸而居的知识青年相比，我们这些分布在乡村的散兵游勇显得太微不足道了，但也正是由于我们这些散户的存在，这才构成了知识青年上山下乡的完整历史。考虑再三，还是写下一个少年插队的流水账。

第一回扛着锄头走在田埂上，看着水鸟的白羽翻飞，那感觉真像置身在画中，但挖地不消超出三分钟，就会失去所有的诗情画意，甚至狼狈不堪，洋相百出。

挖河泥时我挥动钉耙，钉耙居然往后不往前运动，准确地反打自己屁股，其结果是我在床上躺了两天。

挑着一担水稻过小桥时，我有本事将一担水稻滑丢在河里，自己还好好地站在小桥上。

插秧上岸，看着青水绿苗，有如一排排整齐划一的省略号，自豪感油然涌起，老农民插秧也不过如此啊。可徐队长却涉水下田，毫不犹豫地把我插的秧一一拔出，我前功尽弃，大惑不解，阿发悄悄说：你看你插秧，快是快，但根没入土，像烟锅一样翘着，秧会死的。

割小麦时我使用右手镰刀，一刀下去割伤了左手的三个指头，鲜血淋漓。走街串巷，发现世界上的所有工具似乎都是为右手设计的，买不到一把左手镰刀，最后跑到周家码头，找到一个铁匠，请他为我的左手打造了一把。

记得第一次劳动是挑砖，从红豆树下村的砖窑挑到俞家堂，路程约有两公里。我挑的两只簸箕里各装了十块砖，一共二十块，每块砖约有四斤，总共八十斤，而在这以前，我那娇嫩的肩头上从未压过一两重的担子。当我直起腰支撑起那副担子时，只听得每根骨头都在嘎嘎作响，毛竹扁担的两边像钝刀子一样不停地切割着我的肩部，不一会我的肩膀就红了，肿了，还泌出了点点鲜血。大概全世界的痛苦都堆积在我脸上，每走几十米我就不得不停下来歇口气随后递减一块砖，等歪歪扭扭挑到俞家堂，我的簸箕里各剩一块砖，余下的都转移到徐队长肩头。徐队长只说了一句话：你长了个地主肩膀，手都不会动。

我很快就理解了徐队长的意思，地主肩膀指我的肩以及身子没劲，支撑不起百十来斤的一副担子，手不会动即指我的双手不会随着肩膀的运动而运动，十足的一个豆腐架子。随着时间的推移，我把毛竹扁担换成了桑木扁担，又换成弹性最好的乌桕扁担，挑起来两头一翘一翘，颇有几分舞蹈模样。我左肩上渐渐长了一层厚厚的茧皮，脚板上的茧皮也厚得可踩渣砖碎石，小腿上高高凸起两块长方形的肌肉，阿发说腿上长这两块肉的人最适宜挑担走路。果然不到一年，挑担这一关我很快跨越，一百多斤的稻谷我从村里挑到七八里以外的顾山镇上，一路上我只需休息一次。

我的工分定位节节上升，由原来的零点七分很快提升到一分，跟村里的强劳力一样。这使我产生一个错觉：似乎粗通文墨的人干活不比文盲差，当然再高雅再博学的人干活也少不了那把死力气，所谓体能，缺乏体能就会被疲劳摧毁，好在人人都想活着，想活就必须学会干活，在命运对人的无数伤害中，也许只有肉体的痛苦还能够勉强承受。

日子一长，活儿多了，最害怕的时刻也出现了，那是挑砖坯，每块半干不湿的泥巴砖坯至少五斤，一担要装四十块，这就重达两百斤，而且挑砖坯多半是从岸上往船上挑，必须跨越大约五六十米的平地，再顺着陡峭的河坡挑到船上，那真是上坡容易下坡难，一步一颤，全靠脚尖支撑身体和担子的重量，稍不留神便会连人带担滚到河里。村民们似乎也害怕挑砖坯，每当挑砖时，工地上便笼罩着几分肃杀之气，往日的说笑声无影无踪，只有一阵阵粗重的喘息声。尽管没有约法三章，但村民们装砖、挑担、卸砖都依次排队，谁也不会故意落后或者超越。

有一回挑砖坯我肩膀肿了，腰也像断了，两百多斤的担子搁在肩头有如泰山压顶，一口气憋在嗓子眼里怎么也吐不出来，我想我快死了，无论如何要想个法子歇一会，但在众目睽睽之下我又无计可施，慌乱之中，我不知是有意还是无意间将扁担反挑，只听得那根硬木扁担咔嚓一响，顿时断成两截。徐队长挑着担过来看了一眼，说：回去换扁担吧。我如获大赦，回家拿扁担时又故意多磨蹭了几分钟，在肩头垫了块布，腰间又缠了根稻草绳，这才感觉到体力恢复了几分，然后慢慢走回工地，终于支撑到砖坯下满一船。

论挑担我无法与阿发、海根等强劳力相比，他们无需弯腰，单凭双手的力量就可把一担沉重的水稻托到肩上，撒腿就跑，那扁担的一塞，两手的一抓一托一搁，真是潇洒极了。但要论凭巧劲的割麦割稻插秧，在村里我是超一流高手，尤其插秧，这活想干得又快又好须讲两条基本原则：一是插秧时中指、食指要伸得笔直，大拇指紧按秧根，如铁棍一样插入水中，否则会插成不合格的“烟斗秧”。二是要讲究节奏，右手分秧左手插，双脚在水中有机后退，有如跳舞一般必须遵循韵律，眼神也如跳舞一样必须专一，不能怀里抱着一个眼里还瞄着一个，如此插秧多半能拿第一。村里有人曾建议我去参加公社举办的插秧比赛，我跃跃欲试，不知何故，那赛事总没举行。

江南蚂蟥多，那在水沟里阴森森游动的大家伙动作敏捷，辨不清头尾，身上黑黄色相间，体长半尺，看似可怕，其实它叮牛不叮人，村民们称它为牛蟥，水田里的小蚂蟥，才是真正对付人类的吸血鬼。插秧上岸，小腿肚子上起码要挂两条小蚂蝗，多则八九条，有的已吸满一肚子血，像一个个紫红色的小球紧贴在你腿上。对付蚂蝗你不可心急，万万不能用手拉它的身子，如果硬拉活拽，拽断了它后半截前半截就会钻进你血管里。科学的方法是轻轻地在蚂蝗叮咬的皮肤周围拍打，受到震动的蚂蝗便会自动脱落，这时你就可以施以刑罚，简单方法是一脚踩死，可以踩得这肚子滚圆的吸血鬼鲜血四溅，当然它肚子里的血无疑是你身上的血。我喜欢对蚂蟥施以酷刑，即找一根尖利的柴棒棒，如穿羊肉串一样把蚂蟥顺穿在尖棒上，随后将它的身子翻面，即耐心地从它的肛门处往外翻，直到把内脏朝外，再往它五脏六腑上撒上一点旱烟末，腌死它。每当插秧结束，田埂上至少插着三四支穿着蚂蟥尸体的柴棒棒，这是给蚂蟥们观看的恐怖片。如此施刑无疑残忍，我不知对吸血鬼的残忍是否算残忍，是否对吸血鬼也得讲文明人的礼仪？

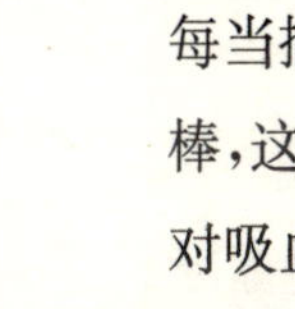

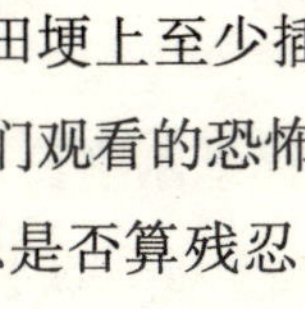

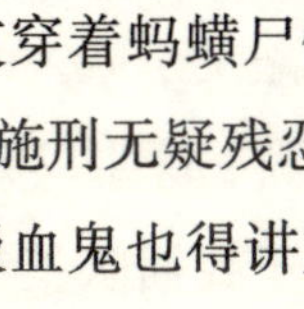

五

每到夜晚，俞家堂唯一的茅屋里总会飘出一阵歌声，开始的独唱者是刘军。他有一副亮丽的嗓子，又长得眉清目秀，每当歌唱时，两只细长的眼睛总在多情顾盼。城里的嗓子唱城里的歌，村民们觉得新鲜，都夸刘军唱得好，我无地自容，悄悄躲在用芦席隔开的小房间里，当又一次听到那些嫂子们的喝彩后，终于不甘示弱，也开始扯直了嗓门唱歌。尽管我五音不全，甚至不识简谱，但依然不屈不挠，除了家歌“有一只猫咪”，什么样板戏、小燕子、国际歌、东方红、白毛女之类都搜肠刮肚拿来唱。到后来，居然也能与刘军一比高低。不过每当我唱歌时，刘军便会从灶台上卸下他的烧饭锅，反扣在地，用一把菜刀将锅底刮得吱吱叫，所谓刮锅灰，那声音像刮破玻璃，让人听了透心凉。我针锋相对，只要听到他的歌声，我就开始修一只破水桶，修理声自然咚咚作响，不知道刘军会不会认为我在给他配敲架子鼓。

阿发说：这屋里关了两只尾巴上刚刚长毛的小公鸡。

困惑了我插队三年之久的是与刘军的矛盾，照理俞家堂就我和他两个插队青年，又同住一个烂茅草盖的屋顶下，但我和他总是合不来，也许是掌握我命运的人当初没把我和两个好友安置在一村，于是我迁怒于刘军。也许我自诩出身清白，不屑跟他为伍。也许我与他天性相克，命中注定成不了朋友。

斗争的过程是激烈而残酷的，如同两只渺小而猥琐的虫子，固守着各自的一小块领地，为了一点食物的残渣而拼死拼活。

他和我合烧一口大灶，他用外灶的炉堂，我用内灶，各烧各的灶堂，各用各的饭锅，按说互不相干，可有一回当我出工回来吃饭，揭开锅盖，发现米饭已变得近似焦炭，无需多想，捣鬼者肯定是刘军。柴灶煮饭不能一口气煮熟，必须把饭煮开后用余焰热灰慢慢闷熟，这家伙肯定乘我不在之机往我的灶堂里塞了几把柴火。于是我也还以颜色，抓住他闷饭的机会，往他锅里丢了一只黑色的烂草鞋。高明之处这是他自己的草鞋，正放在灶台上等着烘干。等他下工回家揭开锅盖，我发现他眼珠子瞪得溜圆，雪白的米饭团团围着一只烂草鞋，那蒸熟的草鞋颇像一条奇怪的咸鱼，要不是怕泄露天机，我真想劝他尝一口。他呆立片刻，马上报复，装模作样地在灶台上拾掇杂物，然后佯装失手把我的半瓶酱油打翻。这酱油是我唯一的下饭菜，每天我都用它来泡汤喝，看着在灶台上四处流淌的酱油，我痛心疾首。这次斗争的结果是他损失了一锅米饭，我则损失了一瓶酱油。

对抗陷入恶性循环，有如眼下的巴以冲突，你踢一脚，我还两拳，他瞅准空子就抓过我的稻草往自己灶堂里塞，用我的柴火给他煮饭。我则寸步不让，你偷我一把稻草，我偷你两把。他把我的盐往自己菜里放，放了一勺尝尝又放半勺，我则盯住了他心爱的牙膏，之所以说他心爱是因为我见他品尝过牙膏，也许是他想起志愿军吃牙膏的故事，就学习学习，也把牙膏当一回下饭菜。于是我用缝衣针在他的牙膏尾部刺出几个小孔，等他使用时，只见牙膏不从口部流出，相反从尾部的小孔中飞射而出，沾了一手，我躲在一边，心花怒放。他进门时故意一个趔趄，撞翻我的一篓萝卜干，我则看准了一个艳阳天，在屋前屋后寻找他刚刚栽下的丝瓜秧，发现一棵，就撒上一泡尿。在尿液的强力腐蚀下，丝瓜秧很快就会给毒日头晒干腌死，然后我赶快跑回家拼命喝水，以便积累尿液后继续使坏。

每次矛盾的结果是打架，而每次打架的结果又总是我惨败，刘军大我至少三岁，高出我一头还多，于是只要一开打他便像一辆坦克一样冲过来将我撞翻在地，然后骑在我肚皮上，双手按住我肩膀，用屁股在我身上来回碾压。好在两人对打只采用这种方式，从不施以拳脚，我也很少有皮肉之疼，但被他骑在胯下的屈辱却让我难以承受。

我发誓要打败刘军。

我专程赶回老家拜师，走街串巷，四处找邻居或同学打听，我渴望拜在一个武林高手门下，学到一身真功夫，打败刘军，一雪前耻。

我咬咬牙，花五毛钱，买了一包当时最贵的牡丹牌香烟，请一个外号叫“公鸡”的武师抽。公鸡连抽了几支烟，说教我“掼包袱”，这是很厉害的一种功夫。我说行，只要想着能把刘军像只包袱一样扔到门外去，我心里就特痛快。于是公鸡把我带到一块空地上，说声你看着就身子一扭，把我从他的背上斜摔过去，如此像口面袋一样被他摔了五六回，我给摔得七荤八素，两眼直冒金星。

也许公鸡也有点累了，点燃了一支烟抽着问：学会了没有？

我说：没有。

公鸡骂了声：笨。

我说：我只知道我像一只口袋在空中来回飞，不知道怎么飞起来的又怎么摔下去的。

公鸡想了想，大概觉得我说得对，于是又找了个人来摔给我看，连摔了几回，我说我学会了。我谢了公鸡，回到家就把大弟赵歌拽过来试，赵歌还没明白咋回事，就被我从背上摔了过去。没等赵歌爬起来我就问他感想，赵歌连声说厉害、厉害，我高兴极了，以为自己终于学到了一项真功夫，战胜刘军，指日可待。

当时我姐姐和一些高年级的同学在吴江县插队，听说有一些男生跟苏州知青学了一身西洋拳击的功夫，非常厉害，一拳就可以把人打翻，于是我找到一个外号叫“丝瓜”的高年级同学学习拳击。

该同学长得又高又瘦，一脸的青春疙瘩豆，真像根丝瓜。丝瓜不抽我递的烟，反而把自己的烟不停地给我抽，似乎只要我拜他为师他就很快活。丝瓜从柜子里找出一副拳击手套给自己戴上，叫我光着拳头跟他对打。

我说我没戴手套，把你打疼了不好。

丝瓜说：好啊，你有本事就过来试试，我是练过功夫的，你绝对打不中。

丝瓜摆出一副拳击手的架姿，两腿还一前一后地跳动，想起来，颇有点像那个擅长咬人耳朵的拳王泰森。

我心里害怕，呆在那儿不敢动。

丝瓜喊着：打呀，快打！

于是我直通通地一拳打过去，只听丝瓜“哎哟”叫了一声，鲜血从鼻孔里淌出，原来我那一拳正中他鼻梁。

丝瓜捂着鼻子说：你很厉害，一直拳就打中了我。

我说：什么叫直拳？

丝瓜说：别装了，你那拳就叫直拳，要不怎么会打中我？你会拳击，我不教了。

我急了，说：我真不知道自己会打直拳，就算我知道，别的拳我也不懂，你还是当我的拳击老师吧，我保证虚心学习。

丝瓜想了想，用棉花塞住鼻孔，又戴上手套，但不和我对打了，把我带到他家的院子里，那儿的树上挂着一只沉重的沙袋。丝瓜摆好架姿，对准沙袋就是一阵死捶猛打，嘴里还嗨嗨作声，样子极为凶猛。我仔细观察，生怕漏掉一点细节。在丝瓜那里，我至少明白了左勾拳、右勾拳、刺拳等名词解释。

回到家里，我就把大弟叫过来练习，做了半天说服工作，没料到他坚决不答应，最后我许愿打完了给他买两颗糖，于是大弟忧心忡忡地给我戴上一副棉手套，然后摸了摸棉手套的厚薄，还不放心，又在棉手套上各缠一条毛巾，结果我的拳头有如斗大。

我说：打。

大弟不动。

我又说：打呀，随便你打什么拳，快打！

赵歌举起两只拳头，但不敢出击。

我没法子，只好自己先打一拳，可拳头还没挨着他的衣服，赵歌便嗷嗷叫着逃出门。再拽他进来求他重打，结果又是重演上一幕，最后我只好自练，对着镜子我不知打出了多少漂亮而凶狠的拳法。

我掌握了中国传统武术的精华“掼包袱”，又学会了犀利凶猛的西洋拳击，中西合璧，如虎添翼。我又带上赵歌同赴顾山乡下，我觉得：凭我的武艺再加上赵歌的力量，打败刘军，将不费吹灰之力。

回到乡下的茅屋里没几分钟，我就发现自己的大米失窃，

我抚罐思米，心疼万分。大米可是当时农家最珍贵的财产，村里每年按季节和工分分给一定口粮，不够部分只能自己掏钱到集市上去买。临走前我就担心有贼打我大米的主意，把所有的大米装在一只陶罐里，罐口盖上旧报纸，然后糊上厚厚的一层黄泥巴，再把罐子藏到床底下。眼下罐子还在，泥巴依然，可撬开泥巴一看，大米不见了约有三分之一。后来才知道，我回江阴拜师的那些天，刘军来了几个朋友，他的口粮早已吃光，便用他敌人的米请他的朋友吃饭。

我问刘军：我的米到哪儿去了？

刘军蹲在灶后挽草把烧饭，假装没听见。

我火了，又大叫：米是不是你偷的？

刘军站起身绕到灶前，打开锅盖看起来。

我突然想起阿发的一句话，便马上借来用：不怕贼知道，只怕贼惦记。这个贼是谁呀？

刘军头也不回。

我对赵歌使了个眼色，决定给点厉害的他看看，冲到刘军身前一米处，摆出了一个拳击的架势。

刘军回头轻蔑地看了我一眼，仍不吭声，但那神情分明在说：你就学了个这种招式？

我看他不怕拳击，估计突然打一直拳也难击中他，就慢慢贴近他身子，想出其不意地把他当一个大包袱摔出去。我一把抓住他手，用肩头顶住了他胸口，但刘军的两脚像打了桩一样稳固，我憋出全身力气也拽不动，相反还给他一把勒住了脖子，勒得我口流涎水，舌头伸出，差点断气，我拼着命喊了声：赵歌，快来！

大弟嗷嗷叫着冲过来将我和刘军扯开。刘军回到灶台前继续做饭，似乎对我的攻击不屑一顾。我闪到门口喘了会气，决定和赵歌联手对付书军。我挥了挥手，示意赵歌上，没想到赵歌非但不帮我上阵杀敌，相反每当我向刘军冲击的时候就一把抱住我，嘴里还喊着别打了，别打了。

我越想越气：大弟连扯架的基本常识都不懂，如果他真想帮我，就必须以劝架的名义抱住刘军，让他动弹不了，然后让我动手。

刘军站在一边阴险地冷笑着，显然是在看我们兄弟俩的笑话。

我火冒三丈，决定自己单打独斗，一把推开了赵歌，往刘军冲去，可没等我冲到灶前，刘军便来了个猛虎扑食，一下子将我扑倒在地，然后又用一个我最熟悉的动作按住我肩膀，又把他的臭屁股坐在我身上来回碾压，可怜我学习了半个月的西洋拳击和中国功夫，居然如此不堪一击，又增添了一回屈辱。

事后我把赵歌臭骂了一顿，我说：打虎要靠亲兄弟，杀敌要靠父子兵，刘军是你哥的敌人，偷你哥的菜，偷你哥的米，打翻你哥的酱油，我带你来顾山干啥？就是要你帮哥哥打败刘军，可你呢？当了叛徒！

赵歌给我骂得眼泪汪汪，一声不吭，只住了一晚上，第二天就乘船回了江阴。可幸的是第二天刘军也突然搬离了茅屋——这回的动静闹大了，俞家堂的男女老少都知道我和刘军打了一架，徐队长也觉得再把两只叫公鸡关在一个屋里迟早要闹出大事来，于是想方设法腾出一间屋，刘军当天就搬了家。

再没人为一棵葱、一把柴火、一勺盐之类的鸡毛蒜皮跟我争斗了，从此我在俞家堂插队三年，一直和刘军相安无事。

现在仔细回想起来，刘军始终对我是手下留情的，比如他力气比我大多了，将我按在地上后完全可以左右开弓地击打我的头部，可他从未打出过一拳。还有一个现象值得我深思，刘军跟我吵过闹过打过，但始终不在背后说我的坏话，因为乡亲们从未提起过。可见他并不憎恨我这个敌人，不想在感情世界伤害我。多少年过去了，我习惯于听人在背后说他人的坏话，也习惯于透过这种折射来看人，既然你能在他背后说他，也必然会在我背后说我，显然刘军是个富有理性的耿直之人，而我却以一种先入为主的优越感来审视他，眼睛里只搜索阴暗丑陋，对那些可能存在或已经存在的美丽视而不见，固执地认定受劳教者并非善类，处处设防，斤斤计较，导致我与他失之交臂，本来三年的交往理应结为难兄难弟。此外，还有一种现象或许也是孕育两人争斗的温床：当两人同处在一个特殊的生态环境中，两人的生理承受能力已达到了极限，就可能为一棵葱、一勺盐、一把米而争斗，不争斗就会危及其中一人的生存，换谁都一样，不信者可买一支最好的牙膏当下饭菜试试。

我离开俞家堂的时候刘军还在那儿插队，他已成为村里的强劳力，听说，还担任过生产队长。到如今二十多年过去了，我始终没见过刘军一面。刘军，你现在在哪里？若你有缘看到此文，请试着找找我，不难找的，我很想请你喝酒吃饭，好好聊一聊。

独居一室的快乐日子没过两个月，上头又下放了一个插队青年，是顾山镇上的居民子弟，名叫袁良。徐队长结结巴巴说了半天我才听明白一句话：村里实在找不到一间空房了，他要把袁良安排在茅屋里与我同住。我找不出任何推托的理由，只能点头答应。

袁良拥有一张扁长的烧饼脸，上牙暴出，尤其醒目的是两颗尖锐的虎牙。他父亲是顾山镇上有名的琴师，于是子承父业，袁良也拉一手好二胡，每天晚上，用芦苇隔开的袁良房里，总会传出一阵悠扬的二胡声。有一回他拉一个特别的曲子，听了让人特别感动，让人会联想起许许多多美好的事情，就连破茅屋也变美丽了，袁良也变得特别可爱，心底好似有一些沉睡的东西被轻轻唤醒。我忍不住过房去问了曲名，袁良说：这叫《二泉映月》，瞎子阿炳写的。

这是我头一回听到阿炳和《二泉映月》的名字，事隔多年以后，我才从父亲撰写的长篇传记文学《阿炳》中读到，日本著名指挥家小泽征尔说：听阿炳的《二泉映月》，要跪着去听。

这确实是一首让感受者甘愿双膝下跪用心去聆听的曲子。我至今也想不明白，一个双目失明近于乞丐的盲人，只靠一把胡琴讨生活，饱受命运的蹂躏摧残，怎么会写出如此热爱生活和大自然的神圣旋律，那是一声声对命运的悲鸣叹息吗？不，费尽心力，我听不到阿炳的一丝惆怅喜怒，连伤感凄美也找不到一点痕迹，只有人与水与月与草与木与地与天的深情对话，我爱天，天亦爱你，真正的天人合一，水乳交融，那需要作者有一颗博爱而伟大的心！

我近似疯狂地爱上了二胡。

得到了夸奖的袁良更得意了，又给我表演了《良宵》、《病中吟》、《赛马》、《喜洋洋》等名曲。我享受到了二胡带来的快乐，特地去买了五只饼子来讨好他，然后拜袁良为师，也买了一把二胡来拉。可每当我坐在树下操作二胡时，阿发就会捂着耳朵跑来说：听你锯二胡，我宁可听杀猪的声音。

学二胡没满一月，我又突发奇想，这辈子我二胡拉得再好恐怕也难以超越袁良，干脆我另辟蹊径，换一种乐器，于是我又跑到周家码头去买了一把板胡，因板胡和二胡的操作方法几乎一样，可每当我拉板胡时，阿发的话更恶毒：这声音像一只春天的猫，又像一只发情的小公鸡。

尽管阿发冷水泼个不停，我还是坚持不懈地学习板胡。当我回城当了工人后，居然被文艺宣传队一眼看中，请我担任乐师，操作的就是板胡，至于实际水平到底如何，我认为只比滥竽充数的南郭先生稍好一点。

月下，树旁，茅屋前，袁良和我各操一把胡琴，不时合奏，不时独奏，身边围满了流着鼻涕的小孩。琴声仿佛过滤了不和谐的杂音，连牛叫犬吠鸡鸣与随着炊烟一起飘来的打骂孩子声都显得特别温馨。不幸的是这样的好时光只维持了一年，便出了一件大事，导致我和袁良一刀两断，袁良夹着那把二胡离开了俞家堂，听说换了一个大队，从此我再也没见着他。

事情的起因似乎很小，母亲担心我在乡下没菜吃，就腌了一条大青鱼晒干后寄给了我，那鱼肉又鲜又咸又香，真是好吃极了，我把它端端正正挂在灶前的墙上当一件艺术品来欣赏。说实话，当时我真舍不得吃它，只要看着它就能白吃一大碗饭。我每隔两天才用刀子切一小片蒸来吃，当然每次也没忘了分一点给袁良。先吃鱼头，再吃鱼尾，剩下中间的一截圆滚滚的鱼身子我实在舍不得吃了，就把它取下来用报纸裹好，然后藏在我的衣箱里，那是妈妈给我的一只老式漆皮箱，箱子有铜搭扣，但我没锁，也没想着上锁，每次打开衣箱，总会闻到一股淡淡的鱼腥味，衣服上也是咸鱼味，但那味道却让我的精神振奋，它能提醒我别馋，你还有荤菜在等着你。

那天我到邻村的李沙和程高那里去玩，到了中午做饭的时候，两个人搜遍厨房，才找出一捆昨天晚上偷来的青菜，李沙说他到池塘里去摸点螺蛳炒来吃，这时我想起了皮箱里藏着的那个宝贝疙瘩，便说李沙你别去摸螺蛳了，干脆到我那儿去吃吧，我还有好吃的。

把两个朋友带到我的茅屋里，当着他们的面，我炫耀似的搬出皮箱，打开箱盖，顿时两眼发直，衣服还在，咸鱼味依然，但咸鱼却不翼而飞了。我发疯一样乱翻了一气，连床上都找了，结果还是一无所获。

我冲进灶房，打开袁良的锅盖，锅里蹿出一团热气，显然刚蒸过什么东西，我喊了一声袁良，但他的房里静悄悄的，无人回答。我用力推开他的房门，赫然见袁良正在啃最后一块咸鱼，地上扔满了鱼刺。

我气得说不出话来。

袁良似乎不太惊慌，也不说话，转过身子把最后一小块鱼肉塞进嘴，吧咂吧咂嚼着出门走了。

两个朋友也走到我身后，看看地上的鱼刺就明白了，李沙说：那么大一条鱼，他一个人怎么吃得下？

程高说：怎么吃不下？换我，能吃两条。

我说：那是青鱼，最贵的那种，我就吃了头、尾，身子舍不得吃，就是想留着请你们吃。

三人都不想说话，闷闷地坐在床上抽了一会烟，李沙把食指和拇指当做发射器，嘴里还模拟出一声枪响，把抽剩的烟头发射到袁良的房里。

我的鱼没有了，别的菜也没有，请两个朋友吃白饭显然有失礼仪。我翻箱倒柜，找出一小袋面粉，准备做面疙瘩汤吃，即烧开一锅水，把调成糊状的面粉一勺一勺地下到水里，然后再加上油盐煮开就成，可是我刚刚把水烧开，无意中瞥见从袁良门缝里蹿出一丝烟雾，稍后演变成大团大团的浓烟扑来。

我大吃一惊，急忙推开袁良的房门，只见床上冒着脸盆大的一片火苗，我随手抓起一把笤帚，用力在床上拍打，直至将火扑灭。程高和李沙也惊慌地冲进袁良屋里来救火，一看却是虚惊一场。李沙看了看袁良的蚊帐上的一个小洞说：我知道了，是我丢的烟头烧穿了蚊帐，然后掉到床上烧着了被子。

经检查，袁良的蚊帐上有一个五分硬币大的小洞，被子上的一个洞有磨盘大。我们三人仔细商量了一会，取得了一致意见：袁良偷吃了我们的一条鱼，我们在他的蚊帐和被子上烧了两个洞，正好扯平，谁也不欠谁的，程高还补了一句：被子又不能当鱼吃，他还合算些。

两个朋友都不想吃我的面疙瘩了，程高说：走，到周家码头去玩，我请你们吃面。我心情不好，也不想独自呆在那个屋里，就跟着他俩去了周家码头。

周家码头紧挨着一条小运河。这是个仅有一条小街的小镇，街上有一家擅长把头发剃成马桶盖状的理发店，一家铁匠铺，两个杂货店，一个茶馆，村里的老人几乎每天清晨都跑来喝茶，我们在那里吃了碗阳春面，我买了半斤盐，程高从杂货铺里偷了一颗水果糖，只偷到一颗，他觉得很可惜，就把糖给我，我不要，李沙也不要，他就自己吃了。又转了个把小时，两个朋友要把我送回俞家堂，我说别送了。程高说：不送不行，万一袁良跟你扯皮呢？袁良块头比你大，你打不过他的。李沙也说：送，我们是外来户，再狠也狠不过地头蛇。

刚进村我就知道出了大事，一阵阵焦烟味迎面扑来，几乎全村人都聚集在我的茅屋门口，挤进人群一看，茅屋的两扇门已被撞落倒地，地上布满了水渍和灰烬，柴垛上晾着一条大花被子，那正是袁良的，烧得只剩下了三分之一，地上还堆着几个辨不出模样的黑疙瘩，那无疑是枕头和垫被的残骸。

童大队长和民兵连长就坐在我家的门槛上，两人身上沾满了烟灰，头发上似乎还有烧烤过的痕迹，显然就是他俩刚刚救了火，我心里很奇怪，明明出门前我救了火，怎么又会再次失火呢？

看见我们过来，两个大队干部的脸色变得非常难看，民兵连长吼了一嗓子：走，跟我到大队部去。

于是我们三人被民兵押送到了大队部，大队部安置在一所小学的一间教室里，离俞家堂有三里路。

大队民兵连长亲自审问我们，这是个豪爽的复员军人，酒量奇大，听说他躲在被窝里不要下酒菜就能干掉一斤白酒。

他先拍了一下桌子，说：老实交代，为啥要放火烧袁良的东西？

我说：我们没有放火，但袁良屋里起了火，我把火扑灭了，但不知为什么又烧起来了。

民兵连长说：别赖了，火就是你们放的，幸亏我和童大队长路过，看见火从窗子里钻出来，要不连你的东西你的房子都烧了。

这时我才有几分明白，原来当时我并没有完全把火扑灭，肯定还有火星在棉絮上慢慢自燃，等我们一走，火星就攒成了大火。

程高说：谁叫袁良偷吃了钱五一的鱼？要是他不偷，我们也就不会扔烟头，就是我们扔烟头，也不是为了放火。

民兵连长说：赔！算过了，一人赔七块钱。

李沙抢着说：我没有钱。

程高说：我也没有。

我说：我身上只有两角钱。

民兵连长又一拍桌子：你们没钱就叫你们家里人拿钱来赔。

我们三人几乎异口同声地说：我们家里也没有钱。

民兵连长说：怎么可能呢？家里买米买柴火的钱总有吧？

我说：没有。

也许是问僵了，也许是无计可施，民兵连长抽着一支烟盯着我们看了一会便走了，再过几分钟，几个看管我们的民兵也走了。我们开始还不敢动，互相看一眼呆坐着不做声，可过了一会，看看门外，似乎没有什么人看守，便一个个悄悄溜出了大队部，居然身后没一个追赶的。

回到俞家堂，徐队长已给我安好了门，奇怪的是晾在柴垛上的被子残骸不见了，袁良房间里已空无一物。徐队长告诉我，我们刚走，袁良和他的父亲就来了，父子俩很快收拾好东西，阿发和海根送他们走了。

袁良带着那把能深情吟唱《二泉映月》的二胡走了，从此茅屋里只剩下板胡尖厉的怪叫声，无人给板胡校音，我试着自己校，一次又一次将琴弦拧断。一直到插队结束，那间茅屋始终归我独享，俞家堂人肯定认为我不合群，不能与他人共居一室，再没派别的人住进茅屋。

我确实是个不合群的人，尤其是得理不让人，长大成人后我才稍有改变，即得了理我可以不穷追猛打，但我需要一声道歉，一声就足够。

两相比较：我失去了一条缺头少尾的鱼，袁良失去了大半的衣物，他的损失明显比我大得多，于是我时刻等待着袁良的复仇，想象着一个月黑风高夜，袁良带着一群亲朋好友闯进茅屋，把我捆起来死打一顿，然后凶神恶煞地逼我交出赔偿费。于是我备好了自卫的武器，门后放一根棍子，床头放一根擀面杖，来吧，我用这些家伙来迎接你。

第一天晚上袁良没来，第二天也没来，再等依然不见他敲门，他的沉默让我心神不宁，相反觉得自己做了亏心事。

半年过去了，我认定袁良不会在我的生活中出现了，他和他的家人既没有迫使大队领导让我们赔偿，也始终没来秋后算账。显然在他们敏感的心目中视窃为耻辱，于是心甘情愿地为雪耻付出昂贵代价，选择了沉默和离去，可见他们的自尊和肚量。

顾山是个文化沉淀了很久很厚实的地方，早在一千四百多年前的南朝年代，贵为皇太子的萧统或许是太热爱文学了，不甘在京城里安享富贵，居然相中了顾山，在此盖了一座七楹文选楼，于是大批的宫廷藏书转入顾山，大量的文人墨客也聚集到昭明太子麾下，五岁前便能背诵《孝经》《论语》的萧统显然是个多才多艺也多情的皇太子，他在编撰《昭明文选》的同时，还为当地百姓修路筑桥，于是直到乾隆年间还有顾山人出资修建了一座犀带桥来纪念他。昭明太子在登基前便去世了，但他亲手种植的红豆树已存活了一千多年，成为江南美丽的一景。在红豆村里，连不识字的老头和小孩都会背“红豆生南国，春来发几枝”的唐诗。我曾拜访过许多顾山镇的居民家，几乎每家都有一个小小的书架，在那个崇尚愚昧和暴力的年代，独居江南一隅的顾山居民还以藏书为荣。在一个老先生家里，我见到了一间堆满了古旧书籍的卧室，老先生戴上老花镜，取出一本

线装的《唐诗三百首》来，摇头晃脑地给我吟咏“君不见黄河之水天上来，奔流到海不复回……”顾山话也属吴侬软语，但老先生吟咏起来依然有李白的豪放。

我真不想把袁良父子的自尊和一千多年前的昭明太子硬扯到一起，但一方水土养一方人，这也是我种地三年收获的一个基本道理，我难以放弃这个联想。

从此我一人逍遥自在地独享那三间茅屋，每天晚上，我的竹床上总是坐满了人，最多一次坐八个，有阿发、海根、祥和等，都是些身强力壮的男子汉。竹床终于不堪重负，有一天突然硬生生地一断两半，一床的大男人都坐了个屁股蹲。

他们喜欢听我讲城里的风景，老问马路有多宽，楼有几层高，汽车到底有几个轮辘，好多人一辈子没见过汽车，对汽车特别感兴趣。我则喜欢听他们讲乡下的奇闻逸事，如哪个塘里有水鬼，谁能举起晒场上的那个石磙，谁在回家的路上捉住一只大甲鱼，谁晚上出去偷婆娘爬墙摔掉了门牙。

村里人十有八九会唱山歌，但山歌十有八九是黄色或浅黄色的，跟现在网上和餐桌上流传的版本完全不一样，遗憾的是我一首也没记下来。房间里就一盏煤油灯，不时闪烁一个鲜红的铜烟锅，同时响起一个五音不全但阳刚气十足的山歌声，伴随着浓烈的烟草味，村里的男人绝大多数抽烟，多半抽黄烟，烟具五花八门，有竹子做的旱烟竿，有铜烟锅，有水烟袋，我吸过几回水烟袋，但总掌握不了技巧，一不小心就呛了

一口水。

在每晚的烟薰火燎中，我很快学会了抽烟，抽那种五分钱一包的珍珠鱼，大前门、牡丹之类的高价烟是抽不起的，最多过年时买一包装兜里摆摆样子。有一次我回家当着父亲的面掏出一支烟来抽，我以为我已经在外头闯荡江湖了，可以与父亲进行一种成人式的交流了，没想到不抽烟的父亲一见我嘴上叼着烟，二话不说，一把夺过来扔在地上踩了几脚，然后就给我一顿打，嘴里还大骂小流氓。

还有一回我实在熬不住了，就躲在阁楼上边看书边抽了一支烟，临走前我忘了把烟头消灭，等我在外头玩了半天回到家里，只见八仙桌的中间摆着一只小碟，小碟里正放着那个烟头。我看得魂飞魄散，两腿一阵阵痉挛，冷汗直冒，我决定以最快速度逃跑，没想到我刚走到门口，早已潜伏在一边的父亲握着一根棍子突然跳出来挡住了我的去向，然后劈头向我打来，幸亏我对父亲的打人方式已烂熟于胸，又眼疾脚快，躲闪腾挪，绕着八仙桌走了几圈，便夺门而出，摆脱了父亲的追击。

一人独守家徒四壁的茅屋，只有一种盲目占有的快乐，日子一久，内心比茅屋还空虚贫乏，寂寞感就愈发强烈，怎么也想不出自己呆在这个世上到底有什么意思，幸好我从老家里带来了一箱书，每当夜深人静时，我就打开箱子看书。箱中藏着《海涅诗选》、《雪莱诗选》、《艺术论》、《马背上的水手》、《马丁伊登》、《契诃夫中短篇小说选》、《高老头》、《静静的顿河》

等，这些作家中我最喜爱杰克·伦敦，觉得他最像男子汉，总幻想自己就是《热爱生命》中那个咬断狼的喉管的人。那箱子书给我翻来覆去地看了好多遍后，我决定做一个海涅或雪莱那样的诗人，于是我开始写诗，写了满满的几本练习本。

许多年过去后，我在某刊物上看到一篇文章，文中指责某些作家望子成龙，便利用职权或名望让子承父业，于是出现父女作家、父子孙三代同为作家等怪异现象，我不知道六十年代或七十年代出生的作家子弟有没有这种现象，但五十年代出生的作家子弟我敢说一句：不可能！因为他们的作家父亲或作家母亲就因为当作家吃尽了苦头，个个自身难保，没听说哪个因为写诗写小说升了官发了财的，因而也就不可能让自己的儿女也当作家。像我父亲，当年正戴着“黑帮”和“地主分子”两顶帽子在江苏省“五七”干校里种地，所谓劳动改造，就是难得回家一次也是窝着一腔怒火在，看见我这个劣迹昭著的儿子稍不顺眼就是一顿痛打，绝无培养我当作家的一闪念。至于我在乡下插队时的瞎写，那不过是为了排遣寂寞无聊，或者说是一种难以名状的宣泄。二十岁那年，我撰写的处女作被少年儿童出版社沈振明先生一眼看中，在他精心指导下，我修改了七八次，沈先生给我的来信足有百余封，我至今都珍藏着这位恩师的手札。几年后，那部中篇小说正式出版发行，我父亲捧着书老泪纵横，连声说：想不到，想不到，我从未想到过儿子会写书。

六

俞家堂是一座美丽宁静的小村，除了我住的茅屋，家家户户屋后都栽着一片小竹林，江南特有的白墙黑瓦搭配着青翠的竹叶，显得格外清秀淡雅。江南水多，小小的俞家堂也不例外，村里便有三口清澈的池塘，田里好像有四口池塘，还有两艘船和一条通向外边世界的小运河。俞家堂的耕地约有一百多亩，平平整整，间隔有致，酷似大画家钱松岩笔下的《常熟田》。农作物以水稻、小麦为主，北方农村里常见的玉米、棉花、红薯在俞家堂基本绝迹。水稻的优良品种记得有老来青、桂花黄等，用它们轧出的米煮出饭来，糯，香，还有一股淡淡的甜味。俞家堂处在江阴的最东端，往南走两里可到达无锡市的锡山县，往北走十里便可进入常熟市，再走百把里便是上海，往西走三十里是华士镇，那儿有如今闻名天下的华西村。往东走一里便可进入沙州县（现改名为张家港市）的周家码头，俞家堂的耕地则和周家码头紧紧相联。小村里安静异常，听不见一声狗叫，因无需防盗，没人养狗，更奇怪的是我插队三年，在俞家堂没听过一回吵架声。更不用说打架，除非他们是关起门来吵，不让我这个外来户听见。

俞家堂的女人多半长得十分漂亮，唇红，肤白，发声细柔，这是她们的一个共有特点，就连村里最穷的阿发也娶了一个小巧标致的娘子。阿发不识字，个子高大，有一双细长的眯眯眼，一年到头穿一身布满千疮百孔的蓝土布衣裤，当年也属富庶的江南鱼米之乡，并不能帮他添置一套体面一点的衣服。

阿发是我在俞家堂无话不说的好朋友，有一回他跟我吹俞家堂的女人漂亮。

我说：常熟呢？我听说常熟那边的女人一到夏天就穿红兜兜，漂亮极了。

阿发说：不对，再好也没有这儿好。他偷偷告诉我，就是因为我们俞家堂的女人漂亮，所以日本人一来，就把村里的女人都强奸了。

我说：不可能，日本人怎么会跑到这种偏僻的旮旯来。

他就扳着指头数给我听：谁谁谁被强奸致死，谁谁谁被轮奸得实在难熬，跳进水塘里逃难，结果水面上浮起一层日本人的精子……他报了一串我认识的真名实姓，都是村里的大婶大嫂，我惊愕至极，忿忿骂了一连串的粗话，阿发说骂得好。

每到夏天傍晚，俞家堂就会出现一道别致而艳丽的风景：村里只要生育过一个孩子的女人几乎都跟男人一样，赤裸着上身乘凉。夜色朦胧，油灯依稀勾勒出一道道优美的人体曲线，四处晃动着雪白的肉，听不见一声喧哗，更没有那种暧昧的笑声，男人女人都安静地坐在竹床或长凳上摇着扇子，偶尔传来一两声婴儿的啼哭和母亲的抚慰声。

我躲在闷热的茅屋里拼命摇扇子，心里更觉闷热，我连房门都不敢开，更不用说往外偷窥一眼，我并非坐怀不乱的柳下惠，心里也常常涌起少年的强烈肉欲，但小时候在阁楼上读的那些书却让我变得过于敏感害羞，于是我只能闭门不出。更令人难堪的是阿发娘子（那儿管老婆叫娘子）刚生完一个小孩，便晃着两只乳房在村里乱窜，有一回居然晃到茅屋来问我借盐，我紧张得几乎连眼睛都不敢睁，一把抓起盐罐就给了她，说今晚不用还，明天我自己来拿，阿发娘子嘻嘻笑了声，抓着盐罐走了。

如今我已离开了俞家堂好多年，不知那里是否还延续了这习俗。我想，当年宁静的俞家堂之夜需要一个更大环境的宁静，更需要用一颗宁静的心去体会。也许，俞家堂处在“三不管”的边缘地带，独特的地理环境，加上江南文化的沉淀，使其侥幸摆脱了当年的野蛮和残酷，那种灭绝人性的悲剧，无数地区正在天天上演，可在俞家堂，我始终没见到一回。这种宁静是否寓意着什么，孕育着什么，当时我一无所知，但数年后，伟大的苏南经济模式便在这一带悄悄登上了中国经济改革的大舞台，成为一个光彩夺目的地方，在俞家堂一带三十里范围内，涌现了“中国第一村”华西村，还有阳光集团，三毛（波澜）集团，三房巷村集团，年产值均有上百亿，华西村甚至超过了三百亿。

但在 1969 年我还只会关心我的排泄问题，小便好解决，随便往哪个僻静角落一放就行，可大便很难，小村没有公共厕所，解决办法是每家每户都在屋后挖一个坑，埋一口缸，用芦苇围住半边，这就成了座简易厕所，可你的后院就是人家的前院，中间最多隔着一块菜地或一条通道，我缺少出恭时让人参观的勇气，一些热情的村民在你出恭时会问你吃了没有，于是每逢便急时，我只能提着裤子往野地里跑，心里总想着跑得越远越好。

没有粪坑就意味着没有肥料，村里分给我三厘自留地，原先那儿是一段废弃的水渠，上面盖了些土便用作耕地，因此土质松软异常。我听人说土质松软处宜种根茎类植物，便种了两回土豆，但收获的最大土豆有如拇指。

徐队长说：五一你到你的地里去要多放屁，放屁还能施点肥，不放就什么也种不好。

肥料的来源确实是我的大难题。有一年我在自留地里种上了红薯，刚种完便发现队里的一群猪溜出了猪圈，在晒场上乱拱乱拉屎，我灵机一动，提了个水桶赶到猪屁股后捡猪屎。那回我足足捡了一水桶，全部扔进了我的自留地，然后细心地用泥土覆盖住猪粪，因猪是村里的，所以猪粪也属村里，不能随便乱捡。

那一年，我的自留地获得了破天荒的大丰收，最大的红薯足有两三斤，我一个人吃不完，分了一些给邻村的两个朋友，又背了半麻袋红薯回老家孝敬我的父母亲。

失去了收获的自留地让我的餐桌上失去了下饭菜，我经常是用一碗酱油汤吃完两碗饭，幸好我很快学会了偷窃，最令人奇怪的是俞家堂居然容忍我偷窃，我在俞家堂的窃史长达三年之久，没遇到过一次麻烦，也许是他们能容忍我这个外来户的偷窃，也许是只要我不偷鸡摸狗，只要我不进门偷窃，俞家堂便不管。

我成为一个肆无忌惮的小偷、一个天下最快活的小偷。

窃史从我刚下乡的第一个夏天开始，第一回是偷西瓜，那天午夜刚过，阿发便把我带进了紧挨着西瓜地的一条水沟，探头望去，绿油油的瓜地很大，挂在瓜棚上的马灯闪烁出一团浑浊的黄光，飞蛾、蚊子疯狂地围着马灯飞舞，看瓜人似乎坐在那儿睡着了，一动不动，泥塑木雕一样。

我们几个在瓜地里匍匐前进，有如机智勇敢的侦察兵，每当看见一个儿大的西瓜，便用牙齿咬断瓜藤，然后仍平伏在地上，用脚轻轻把西瓜踢给身后的祥生，祥生再用脚把瓜传递给阿发，阿发则把瓜都藏在一条水沟里。

等我们返回时，我这才见识到阿发的本事，他居然一个人能抱着六只西瓜就走，六只西瓜在他怀里，就像叠罗汉一样，三只上头叠着两只，两只上头叠着一只，最上头的一只要用下巴抵住。祥生也能抱三只西瓜。我呢，只能抱两只，一路上心慌，不小心又滑脱了一只，骨碌碌滚到水田里，但又顾不上捡，抱着一只瓜就溜进了茅屋。

那个夏天，我省了几十斤米，几乎连饭都没吃，一日三餐都是吃西瓜。

瓜季过去了，我便开始偷菜，但偷菜不便与阿发、祥生等同村人一起操作，与同村人偷，一不小心就偷到自家菜园子里去了，你说是偷好还是不偷好。

我总是选择一个晚上，大约九点过后，约上李沙和程高，摸黑闯进一块菜地进行偷窃。

青菜、萝卜这会儿瞧不上眼了，我们最喜欢毛豆、蚕豆，开始还一把把地把毛豆秧割断后拿回家剥豆子，后来觉得如此搬运既产生垃圾又麻烦，干脆就蹲在菜地里剥，就像三只钻进菜园里的老鼠，爬在那儿，大气也不敢出，两手则不停地剥豆子，剥出的豆子藏进了口袋，豆荚还挂在秧子上，每当偷窃结束，菜园里依然豆苗摇曳，硕果累累，但豆荚里已空空如也了。我边剥边想到一种严重后果：到了收获的季节，播种人收获的只是空空的豆荚，会不会把我捉住了痛打？幸好这只是我的想象，那种当贼打的场面从没发生过。

一个秋天的夜晚，三个少年带着三把镰刀、三只麻袋又摸进了一块菜地——三人约好了一起回家，可两手空空，拿什么东西回家孝敬父母？我们只能到地里去碰碰运气。那天我确实体验到了小偷想回家过年的真实心理。

转了半天，找不到什么东西好下手，无意中发现一条田埂上栽满了向日葵，萧杀的秋风已将向日葵的叶片全部摧落，只剩下一根根细长的枯茎顶着一个个巨大而沉重的脑袋，就像一排排蒙着黑面纱的教徒，虔诚地俯视着同一块地面，白天想来它们会同样虔诚地仰望着太阳。

程高摸了一把向日葵，说：就是它了，割吧！

月光很好，深蓝的夜色中，我清楚地看到两个同伴的黑色剪影，有如挥舞着镰刀的死神，雪亮的刀锋嗖嗖砍向一排排低垂的脑袋，想来我的身影也同样如此。每当我用特地打造的左手镰刀砍断一个向日葵的果盘，我便会听到从枯茎里似乎冒出一股气，同时发出一声轻微的嘶叫，是否这就是向日葵临死前的喘息？我不敢多想，只是感到一阵阵心慌。砍了三棵掂掂分量觉得够剥一斤瓜子了，便收了手，坐在麻袋上抽烟。

李沙也只砍了两三棵就歇了手，对程高说：别砍了，够了。

程高只说了声不够，又继续挥刀砍去，一阵嗖嗖嗖的劈砍声过去后，田埂上的向日葵全都失去了脑袋。

我和李沙默默地看着程高，李沙突然轻轻说了句：贪，也不给人家留几个。

我也有同感，但没有回答，因为程高也是我的好朋友。程高人长得高大结实，眉清目秀，但听说他母亲早年并非良家妇女，遇到他父亲后才从良，生下他这个独子，邻居也好，同学也好，都不爱跟他交往，就我一个是他的好友。当时我只想我不能在别人背后说坏话，便用沉默来回答，可我当时为什么不多想想呢？多想想也许就会杜绝后来的一错再错，我直到今天还在为当初的愚蠢而后悔。

菜地里的三瓜两枣并不能满足我的食欲，我又开始学习捕鱼摸虾。江南水多，水多便意味着水中动物也多，在池塘边洗衣服时，只要你顺着青石墩往下摸，便可摸到一把把吸附在石壁上的螺蛳，拿回家剪掉螺蛳屁股，用盐水一煮，便成了一盘鲜美的下饭菜。

螺蛳的捕获过程极为简单，吃到嘴里却比较麻烦，我一般不打它们的主意，首先把视线投向了水中的鱼，但鱼是村里的，姓公，村里还在打谷场上专门盖了一个磨坊，每天都有人推着一只大石磨磨鱼食喂鱼。塘里的鱼个人不能随便抓，但虾子、贝类、鳝鱼等水生物，村里则不问不管，你有本事能抓多少就只管抓多少。

祥生的弟弟祥源是我的好友之一，这是个又瘦又小满脸雀斑的家伙，每当下地劳动时总能挖出野荸荠。他知道我馋，每挖出一只便马上送给我，野荸荠小如豆米，大如指甲，我在衣服上擦了擦，马上送进嘴，顿时一嘴的甘甜。祥源捕虾的本事更是令人叫绝，他单凭一双空手便能从水里捉到活虾，我模仿着他的样子，站在水中，双手张开了轻轻往岸边的缝隙中摸去，果然接触到一个胡子八叉的东西，但虾子一蹦一窜，便从我指缝间逃脱。

祥源说用空手抓虾只能玩玩，填不了肚子，要想捉虾，必须用网。祥源把他的一副旧赶网送给了我，同时给我展示了捕虾技巧，即把赶网竖在离河岸半公尺的水里，形成一堵墙，然后用一根小竹竿在河边的缝隙里敲，受到惊吓的虾子纷纷往外逃窜，然后用力提起网，总有三四只河虾在网子里蹦跳。

网子到手后的那几天，我便成了一个地道的渔夫，既不下地劳动，也不想要工分了，每天提着网子泡在村前村后的池塘里。有一回我提着网子到红豆村的一条小河去捕虾，那棵名满江南的千年古树就住在小河边，枝叶纷披的树冠巨伞一样覆盖了半个河面，抬头望去，红豆树只有青树绿叶，不见一颗相思豆。我下了水，河水很清很深，捕获的虾子又瘦又长，呈淡淡的近似玻璃状的绿色，两个眼珠子也仿佛沾了古树的灵性，又黑又亮。

那天我在红豆树下捕到了两斤多虾，前所未有的收获，我舍不得吃，多放点盐，把虾子放锅里煸干了，全部带回了老家。

去年回老家探亲时看到了一张照片，红豆树下的村已盖了一座红豆院，南朝昭明太子亲手种植的相思树，这是一个理想的人文景观，于是红豆树便成为招徕游客的一个景点，据说红豆树已开花结果，有一年就收获了一千多颗相思豆，无疑这象征着忠实爱情的红豆会得到游客喜爱，我深感欣慰。但细看照片红豆树似乎给套上了一圈水泥护栏，在我的记忆中，当年的红豆树下纯属自然天成，树下是一片小小的开阔地，状如晒场，小鸡乱跑，水牛卧在树旁，树上偶尔还爬着一个乘凉的小孩。我为那棵饱经沧桑的老树担忧，它能否承受水泥的围困？游客的惊扰？在红豆树长达一千四百多年的生命史中，也许它首次承受捆绑式的张扬和喧嚣。

俞家堂一带的河里虽然有虾，但捕获量十分有限，我又极为贪吃，往往刚把一只虾子捞出水就把它生吃了，生虾又鲜又嫩，十分可口。祥源又教我学会了捕青蛙，方法十分简单，即背一只篓，持一把叉，握一只手电，晚上到水田里去叉青蛙。那爬在田埂上呱呱叫的青蛙真是又多又傻，只要一被手电照住，便只会望着你发呆，你一次叉不准还可以来第二次，于是青蛙肉又成为我的盘中餐。

一个阴霾的晚上，飘着小雨，我披着一件蓑衣独自摸上田埂，借着手电光，一口气叉到了二十多斤青蛙，鱼篓子压在我背上，重得像块大石头，想想一个人吃不完，便送了一半给祥源，另一半给我拎回了茅屋。

蹲在地上，用菜刀把青蛙脑袋一一剁掉，再一一撕脱皮。那剥了皮的青蛙肉又白又嫩，两条肌肉饱满的大腿会令人想起田径运动员，这个联想让我心神不宁，但瞟一眼又会想起飞跑的腿，我命令自己不准胡思乱想，赶紧烧青蛙。但那天的唯一调料只有盐，只能做一道盐水煮青蛙。一大锅的青蛙煮熟了，我吃了一碗，剩下的想放到明天再吃又怕馊，又添了一大碗放开肚子吃，吃着吃着，突然看见地上密布的青蛙脑袋，个个血淋淋的，圆瞪着两只大眼睛盯着我，再看自己吐出的青蛙骨头，颇像死人的大腿骨，一阵反胃，顿时吐了个昏天黑地，几分钟内就把刚刚吃下去的青蛙又全部吐了出来，一地的稀烂，腥臭无比，从此后，我看见青蛙就恶心，更不会再想着去吃它。

青蛙不能吃了，我想吃鱼，但鱼在俞家堂属珍贵动物，不能随便乱抓，抓获野鱼的机会又极为罕有，有一回割稻子时突然发现了一只乌龟，如获至宝，急忙一把捉住了就往口袋里塞，但那只乌龟比饭盒还大，裤袋里根本放不下，看看旁边的徐队长，我又不敢放下稻子回家煮乌龟吃，于是我灵机一动，把乌龟用稻草捆了个结实，然后挖个坑活埋了，再在坑上插个柴棒棒当标签，等我做着饱餐一顿乌龟肉的美梦等到收工，赶到埋乌龟的地方，只见标签还在，坑还在，乌龟早已逃跑了，我扮演了一回“刻舟求剑”的角色。

我还吃过一条水蛇、十几只蚂蚱、二三十只知了、一块猪皮。水蛇是收工时在田埂上捉到的，当时我已经学会了杀死一条蛇的方法，即拎住蛇尾，用力抖动，直至把蛇的脊椎骨抖松抖裂，然后带回家用菜刀剥皮用铁锅煮肉。阿发过来说：哎呀，吃蛇要用瓷片杀用瓦罐煮，用铁家伙要中毒的。

我不信，把蛇吃了，一点没事。

蚂蚱和知了我都是一抓来就扔在灶堂里烧烤了吃，蚱蜢的味道有几分像虾子，知了就一块背部的肉好吃，全是瘦肉，可惜太小。

猪皮来自周家码头的一家屋檐下，我偷的，拿回家洗干净了放在锅里煮，揭开锅盖却闻到一股奇臭，原来那块猪皮已被硝过，即将做成皮包、皮鞋，根本不能吃，我等于煮了一只皮鞋。

我已经变成了一个饿鬼，整天在江南水乡游荡，能吃的，我都吃，不能吃的，我也要尝尝。我还吃过一窝马蜂的蜂蛹，一条又肥又长的蚯蚓，味道都不好。藏在河底淤泥中的河蚌也是我常吃的东西，有一回我从一只大河蚌肉里嚼出一颗珍珠，形如大黄豆，可惜已被我煮成黑色。我想把这颗黑珍珠送给妈妈做戒指，藏在灶台的一个角落里，可恨那灶台乱七八糟，过几天便不见了。那些日子，我活着就是为了吃，吃就是为了活着，整个人生的意义就只剩下一个吃字。

一个夏天的中午，我在李沙那儿吃了一碗糊糊往家赶，路过一块稻田时，无意中发现了一个手臂粗的圆洞，洞口冒着一片白色泡沫，酷似溶化的洗衣粉。

我盯着那个洞洞琢磨了半天，心想这洞里多半住着黄鳝或水蛇，但水蛇不会吹泡泡，于是我爬在地上把手伸进洞，一直伸到胳肢窝处，手指果然触及一个活物，光滑溜溜的，而水蛇身上长满了鳞片，摸上去糙手，这肯定是鳝鱼。

我决定吃掉这条鳝鱼，先用泥巴在洞口垒起一道高高的围墙，再伸手入洞捕捉，黄鳝钻来扭去地与我搏斗了约摸半小时，最后火了，张开嘴突然咬住了我的大拇指，我心里一凉，完了，这肯定不是黄鳝，鳝鱼是不会咬人的，只有蛇类才擅长袭击，我忍痛乘势用手指扣住它的下唇，用力一拉，只见一条金光灿灿的黄鳝被我拉出了洞，粗肥的身子扭成了一根活麻花。

把鳝鱼拎到茅屋里，村民们来看了都觉得稀奇，阿发拿秤来称了称，说有一斤六两。这可是天生的野黄鳝，跟现在市面上那些服过避孕药的鳝鱼完全不一样。

阿发说他从未见过这么大的黄鳝，还说小暑里的黄鳝赛人参，就这么杀了吃可惜了，不如把它挂在树上，然后用剪刀剪断它的尾巴，再用嘴衔住它的伤口用力吸血，那鳝鱼血最补人。我照此办理，先把黄鳝上吊，再剪尾吸血，但一吸就觉得味道太腥，而且一嘴的鲜血，令人想起英国小说里的吸血鬼，最后我还是把它烧了吃。

清塘的日子到了，村后的一口大塘顿时给密密麻麻的村民包围，徐队长带着几人下了水，先张开一口细密的大网把池塘过滤了一遍，草鱼、鲢鱼、鲤鱼在网中活蹦乱跳起来，这是村里的公共财产，谁也不能下手。等大鱼上岸网子离水后，技术员便将山奈等农药大把大把地扔进塘，这就是清塘的本来目的，药杀塘里的所有水生物，等药性自然失效后，再投放家鱼。

山奈一入水，村民们紧张兴奋起来，个个取出早已备好的鱼叉，时刻准备着捕鱼，这时不讲规矩，只看你的本事大小，你若有运气从塘里叉出一条鲸鱼，那也铁定归你。

平静的水面突然泛起了一阵涟漪，先是漏网的串子、旁皮、麦穗鱼泛了起来，个个喝醉酒似的乱窜乱游。接着青鱼、黑鱼探出了脑袋，几条本来深藏洞中的黄鳝也耐不住毒性，抬头如蛇一样在水面上浮游。无数雪亮的鱼叉在池塘上飞起，不时响起欢呼声惊叫声。喜讯传来，阿发叉到了一条黑鱼，祥源在池边逮住了一只企图逃跑的大王八。

塘边凡能落脚的地方都站满了人，不时有人被挤跌入水，我举着我叉青蛙的小鱼叉往人群里钻，接连出击多次才叉到一条两寸长的串子鱼，我把那条小鱼扔进一只大号的鱼篓子。

太阳落山我才回到村里，家家户户都在门口杀鱼。小村上空弥漫着浓重的鱼腥和农药味，阿发的脚旁躺了十几条，看见我过来，阿发扒开我的鱼篓子看了看问：一条也没叉到？

我说：有一条。

阿发说：在哪里？

我说：篓子里。

阿发又扒着篓子看：那叫鱼？还不够我塞牙缝。拿两条去吃。

我说：我不要。

阿发说：拿呀，你看不起我是不是？

我突然发现阿发靠在墙上的一把大鱼叉，三米长，竖着五个挺拔的尖刺，而我的鱼叉长不到一米，梢头绑着两根斜斜的铁丝，跟阿发的相比，我的鱼叉像缺了一排门牙。我说：阿发，你把鱼叉借给我，就等于给我鱼。

阿发说：你把鱼叉拿去用，鱼拿去吃。

我抓起阿发的鱼叉就往池塘奔去。

阿发在我身后喊道：你笨哪，塘里现在还有什么鱼，螺蛳、河蚌都死光啦！

我置之不理，一口气奔到池塘边。

暮色中，一池毒水平静如镜，清澈异常，看不见一丝波浪，往日最爱在池面上盘旋的蚍蜉、蜻蜓消失了，连须臾不离池塘的水蚤子也无影无踪。河底的淤泥中无疑还潜藏着王八、河蚌、田螺，但等到明天太阳升起的时候，它们的尸体肯定会漂浮在水面上。

眼前似乎有一块白斑在晃动，我以为是太阳余光的折射，可白斑突然晃个不停，甚至翻滚起来，搅出一阵阵波浪。我不再迟疑，飞奔到白斑旁，喜出望外地发现那白斑竟是一条两尺多长的大鲤鱼。

我掷出了鱼叉。

叉子击中水面，连块鱼鳞也没挨着。

我拔出鱼叉，屏住呼吸，瞄准了，又一次把鱼叉掷向鲤鱼。

鱼叉叉住了鱼尾，鲤鱼一个翻滚，即将脱叉而去，我急了，和衣跳下水，死命按住鱼叉，把鱼尾钉入了泥，然后腾出一手扣住了鱼鳃。我用力过猛，鱼鳃都给我扣烂了。

拎着那条尾巴落地的鲤鱼回到茅屋里，全村人几乎都给惊动了，纷纷到我家来看鱼，徐队长说，药了两个钟头后还有活鱼，这在俞家堂还是头一回。

阿发说：我叫他别去的，可五一不听，他福气好。

我说：是阿发的鱼叉好，否则叉不住。

阿发估计那条鱼有八斤重，可一称才五斤多，阿发说：这算大鱼。

是大鱼就不会被人忘记，我想至今俞家堂人还记得那条鱼，他们对大家伙的记忆力特别强，哪个村里有一条大牯牛，哪个捉住一只大乌龟，哪个长了一只大鼻子，哪家屋后结了一只大南瓜，哪家生了七个闺女又不屈不挠地生了一个儿子都记得一清二楚。

鱼太大，分了一半给程高，分一半给我腌成咸鱼吃了，尽管吃起来有刺鼻的农药味，但对我的胃口毫无影响。

劳动中遇到的最大困难并非疲劳，而是饥饿，而且越累越饿。村民们似乎从小就知道这个道理，一干活就喜欢讲些荤素笑话来对付劳累和饥饿。荤的是黄色笑话，无需赘言，素的则是讲吃，形形色色的吃法从他们嘴里吐出来特别有趣：邻村有一个家伙跟别人比赛吃饭，赛前他用绳子测量了自己从脖根到小腹间的体积，依葫芦画瓢，在地上挖了一个跟他肚子体积相仿的坑，灌上米，称了称，再减去想象中的内脏分量，他认定自己肚子里可装下三斤米煮的饭，于是便跟别人打赌，其结果是只吃下两斤多便造成胃破裂，给对手送进了医院抢救。还有几个家伙比赛吃饼干，比赛规则如下：在半小时内吃下一袋一斤装的饼干，禁止喝水，如按时完成赛事，赢者可获得一袋饼干。由于奖品诱人，比赛简单，参赛人数很多，但个个败下阵来，原来禁止用水助食，那饼干吃到一半便会沾到你牙齿及粘膜上，满满一嘴的面糊，硬塞一块进去都不可能。不信者可去买一袋饼干试试。

徐队长平时话少，但只要说出一两句来，总让人笑，有一回他见我听吃听得心神不宁忘了干活，便说：五一，等农忙完了你带我到江阴城里去，你帮我找一家最大的餐馆。

我说：行，最大的餐馆是芙蓉餐馆，就在市中心，那儿的菜很好吃。

徐队长说：我们走进餐馆后，就把两只手抄进裤袋里托住自己的老二，看别人吃。

我问：看吃？

徐队长说：看吃跟自己吃是一回事，也蛮舒服。

我笑了，周围干活的村民也大笑。无疑在那个吃饱肚子都很难的年代里，听吃看吃也是一种享受，也是一种对理想的追求，不过当时的我并不能理解，每当听吃的时候就馋涎欲滴，恨不能马上去找一点吃的来。

那天挑了一上午的河泥，骨头架子都像累垮了，又饿得要命，可中午吃饭休息时回到茅屋里一搜索，只有一小袋面粉，更不幸的是连油盐酱醋都没了，我不甘心吃清水面疙瘩汤，想了想，便往池塘方向冲，我想摸一点螺蛳回来不剪屁股就这么

下锅煮着吃。

徐队长娘子正在池塘边洗衣服，对她点点头，算是打了招呼，立即跳下水，沿着青石台阶摸螺蛳。徐队长娘子看着我，连衣服都忘了洗，大概是当我摸了两三把螺蛳后，徐队长娘子说话了：五一，你别摸螺蛳了，跟我来。

我说：做啥？

徐队长娘子说：叫你来你就来呀，走。

于是我疑惑地站在徐队长家的晒场上，眼前是三间歪歪倒倒的破瓦房，走进堂屋，泥地上没铺砖，到处是七凸八凹的脚印。大概我来得少，三个孩子像小麻雀一样围着我。徐队长娘子打开碗柜，端出一碗菜对我说：没啥好吃的，这个菜又吃不完，再放就坏了，你拿去吃吧。

这是一碗咸菜蒸肉，薄薄的五花肉片铺在咸菜上，油汪汪的。我知道，这是一碗农家的看家菜，即只看不吃的，每到吃饭的时候拿出来放在桌上摆摆样子。由于天天放在饭锅上蒸，那肉皮已经发黑了。

三个孩子眼巴巴地看着母亲手里的那碗菜，最小的一个还凑近了碗，徐队长娘子跨前一步，用身体挡住那孩子，把碗塞到我手里，又说：中午你就别做菜了，就吃这个。

我只说了一声谢谢，端着那碗菜就出了门。

我拿走了三个孩子的食物！

这是写到此处才产生的感想，当时我甚至没设想我走后徐队长娘子该如何面对她的三个子女，孩子会如何提问，母亲会如何作答，也许，徐队长娘子会把我形容成一个更需要食物的弱者；也许，徐队长娘子会转移话题，给孩子们许一个愿。

我深信不疑，当这三个孩子长大成人后，也极有可能把最后一块肉最后一碗饭让给更需要的人，因为他们身上流着母亲徐队长娘子的血。仁爱就这样得到了延续。

当天，我把那碗菜拣了点出来泡了碗汤喝，心里只想着以后别接受别人施舍了，还是勤快点，多捉点鱼虾来养活自己。

天天在水里泡，我身上长了一层黝黑的水锈，皮肤油光水滑的，颇像一条无鳞鱼，照理这样的皮肤不易感染，但水下的石子瓦片，头顶的树梢乱草又不时在我身上划出伤口，因此我身上极易长包，有时一次长两三个，又疼又痒，还流脓不止。

村里给我治疗此类皮肤病的一般是阿发，对那些还没化脓的肿块他用一根稻草穿过旱烟杆，再从杆上勒下一团烟油，然后把烟油抹在肿块上。这方法十分灵验，再大的肿块似乎也害怕烟油，不消一天，肿块自然会消肿干瘪，这用烟油治疗脓包的小秘方我至今还在使用，但如今的香烟油不如旱烟油管用，不知什么原因。

对那些已经熟透的脓包，阿发采用挤的办法，老动作是我趴在一张条凳上，嗷嗷叫着，阿发站在我身后拼命挤我的大腿或屁股，他手劲特大，挤完了脓还不歇手，还非要挤出鲜血来，说见血才去毒。

阿发的治疗比较有效，插队三年，一字不识的阿发当了我三年的医生。但阿发也有不敢下手的时候，有一回我手臂上长了一个脓包，红肿如桃，脓水已微微外流，阿发看了又看，说不敢不敢，别把你手臂挤废了，你还要靠它干活吃饭，还是去医院吧。我说我没有钱，阿发说他也没有，但别管它，去了再说。于是阿发陪我去了顾山镇的医院。

在外科室里，一个中年医生给我打了麻药，用手术刀剖开伤口，一点一点地刮去脓汁及腐肉，再敷上厚厚的黄药膏，包上一大块纱布，然后递给我一张处方和结账单。

我和阿发走出外科室，就在走廊里看了看账单，手术费一块，药费一块，我摸了摸口袋，最多只有五毛钱，阿发也下意识地摸摸口袋，我断定他的钱还没我的多，于是我看一眼阿发，拔脚就走，是用那种不紧不慢的步子，不能快，一快就容易引人怀疑，直到走出医院大门我俩才开始飞跑，还好，一直跑了几十米身后还没出现追击的医生，也许医生还没来得及发现有人逃单。就这样，我至今还欠顾山医院两元钱的医药费，我认这笔账。

泡在水里找吃的还会碰到两个敌人。一是水蛇，河里随处可见，丝丝地吐着长舌在水面上巡游，但水蛇比较自律，只要人不犯它，它就不犯人，一般我不会遭到水蛇的突然袭击。可怕的是马蜂，那家伙完全不讲道理，你离它的窝还有几米远，而且根本不想惹它，它就如临大敌地嗡嗡飞过来，突然在你身上蜇一口，那种钻心的疼痛，我至今想起来都受不了。有一回我又被蜂子蜇了，疼得顾不上体面，哇哇叫着窜进村，一路上把鱼篓扔了，网子也扔了，徐队长过来看了一眼，赶紧去舀了一瓢河水来叫我喝了，我莫名其妙地喝了那瓢河水，奇怪的是疼痛居然消失了，我以为徐队长在水里掺了什么止疼的灵丹妙药，徐队长说没有，他给我喝的就是一瓢普通的河水，这小秘方也是别人告诉他的。

这秘方的核心内容我在此公开：如果你在哪儿被马蜂蜇了，又不想体验蜂刺的疼痛，就立即去寻找离这马蜂最近的水源，一找到就赶快喝一大碗，至于灵不灵我不敢打包票。但此事过后不久，我在河边捕虾时又被马蜂蜇了一口，而且是蜇在脑袋上，疼得你巴望那脑袋最好是长在别人脖子上，幸好还记得那秘方，赶紧沉下水，连喝了几口河水，疼痛果然立即消失，这也算是应证了一回。

冬天到了，鱼虾都藏在深水里，有时河面上还结着一层薄冰，连螺蛳也摸不着，于是我的下饭菜就只剩下酱油汤了。有一回连酱油也没了，我独自上周家码头买酱油，趁店主回身找钱时，我眼疾手快地偷了一根半斤重的腌萝卜，赶紧藏在裤兜里，回家后切成薄片泡汤吃了七八天。

在寒冷的季节里，这时我最羡慕住在俞家堂东头的王兴，王兴家传一套胶皮衣，好像是用板车的内胎加上一双胶鞋粘合而成，可以从脚心一直套到脖子根上。每天早晨，王兴总是

威武地穿着那身黑皮衣，扛着一把酷似巡海夜叉使用的大鱼叉从我门前走过，真是酷透了。每天下午回来时我翻看他的鱼篓，最少也有两斤鱼，于是我开始偷偷地跟踪他，只见他走到村外的小河里，就这么穿着胶皮衣下了水，然后用鱼叉拍打了一会水面，用双手往岸边摸去，只见鳞光一闪，一条鲫鱼给他抓出了水。

那天我想了一夜，如果我穿上那套胶皮衣，如果我也去抓鱼，按最少每天抓一斤计算，一月就是三十斤，每斤卖五毛，三十斤鱼就是十五块，要是我每天抓两斤鱼、三斤鱼呢？我激动极了，当时我最大的发财梦是每月挣十块钱。

第二天我把王兴拉进茅屋里商量。我说：王兴，你把这身衣服卖给我。

王兴说：卖给你？那我吃什么？

我说：你拿我的钱，再去买一件新皮衣，这件旧了，给我这个新手正好。

王兴有点动心，说：可你不会捉鱼。

我说：会，我都偷学了好几回，你不是不知道。

王兴说：你出多少钱？这衣服有点贵。

我说：我知道，我现在口袋里的钱只够买半件。

王兴想走了，说：等你有了钱再说。

我说：别走，现在我的钱不够，但过些日子我就很有钱。

王兴说：吹牛。

我说：不吹，你等等就行。

王兴说：好吧，等你有了十五块再来找我。

如何才能挣到十五块钱，我盘算了好几天，我的全部财产只有两块钱，回老家废墟里捣马蜂窝、挖何首乌、采牵牛花籽可挣一块，可牵牛花籽又小又轻，剥一天也卖不到三分钱，如果有铜卖可以多挣点，但我想不出到哪里去偷铜。后来我决定不抽烟、不买牙膏、不买油盐不买菜，可就这样离十五块的指标还很远。

年终分红的日子到了，结算工分那天我喜出望外，王兴把胶皮衣和鱼叉卖给了我，价格仍是十五块，我自己攒了三块钱，再加上我一年的工分折算所得六块，一共九块，我把这九块钱都给了王兴，说欠你六块，等我捉了鱼卖了钱就还给你。王兴想了想，马上把胶皮衣给了我。

我提着胶皮衣乘船回到了老家江阴，没有告诉父母和两个弟弟，我想用我捕获的满满一篓子鱼让他们大吃一惊，我要用我的实际行动证明：你们的长子和大哥已经长大成人了，我可以养家活口了，我要给远在吴江插队的姐姐寄一笔钱，给两个弟弟买好吃的，想吃什么就买什么，给父母一笔钱补贴家用，给老外婆买一件素面的绸旗袍——她喜欢穿一件花旗袍，也不怕人家说丑。摸着那套胶皮衣，我觉得就像摸一台赚钱机器，心里充满了雄心壮志。

回老家的第二天早上，我便瞒着家人，悄悄拎着那套胶皮衣去了黄山林场，我记得那儿有许多小河小池塘，小时候我经常在那儿捕鱼捉虾，有一个我和大弟管它叫“圆河”的塘子里鲫鱼特别多，我和赵歌有一回就钓起三斤鱼，其中有一条身上长着三根毒刺的黄颡鱼竟会吱吱叫，摘钩时它趁机把毒刺扎在我手指上，痛得我鼻涕眼泪直流。

圆河快到了，扫视着河面，我知道这儿将变成我首战告捷的宝地。

我钻到一丛灌木后，费了半天劲，才把自己的身子钻到那个胶皮筒子里，然后拿起鱼叉，顿时觉得自己像王兴一样威武，接连对着想象中的大鱼做了几个刺杀动作，可惜没有镜子。

小河四周无遮无阻，别说树林，连棵大一点的草都没有，北风特别猖獗，河边还结了一层苍白的薄冰，好在套在身上的胶皮衣挡风，心想这衣服本来就是防水防寒的，我还怕什么冷啊。找到一块浅水处，我用鱼叉敲碎了薄冰，慢慢涉水下河。

一步一挪地走到膝盖深处的水里，我便不敢往前走了，心想这该差不多了吧，我拿起鱼叉把河面上拍打得冰水四溅，然后把两手伸入水中，作包围状往河岸上摸去，时刻期待着摸到一块粗糙的鳞片或一个光滑溜溜的身子，可连摸了五六次，双手给冻得通红，连块鱼鳞也没有摸到。

我奇怪透顶：鲫鱼没有也该有旁皮，旁皮没有也该有泥鳅，怎么会一无所获呢？我琢磨了片刻，认定这口圆河刚清过塘，给农药清过塘的水里，别说鱼，连只螺蛳都找不着。

我爬上岸，决定另找一条河去碰碰运气，可是走着走着，屁股后头多了条“尾巴”，不知从哪里钻出来一个大男孩，若即若离地跟着我，我被他跟得不自在，干脆停下步来，看看他究竟想干什么。

那男孩居然凑拢来，好奇地打量着我的胶皮衣：做啥的？

我说：你是不是警察？

男孩说：不是。

我说：不是就别来烦我，快走。

那男孩脸皮也真厚，我赶了他居然还是跟着我，我一想，我的捕鱼技能将要给他偷了去，就像当年我当弹弓大王那样，满街都是举着弹弓的人，顿时急了：你走不走？做跟屁虫啊？

男孩说：你告诉我你穿了这身衣服做啥，我走。

我说：真的？

男孩说：真的。

我说：我是捉鱼的。

男孩说：你的鱼呢？你篓子里没有一条鱼。

我真火了，把鱼叉比划了一下说：你走不走？走！

好奇心太强的男孩终于走了，我安下心来，又找到一个四面给林子围着的大池塘，几棵巨大的枫杨就长在池沿旁，奇形怪状的树根下隐藏着几个黑黝黝的洞，洞口半隐半现，根据我在乡下捕鱼的经验判断，鱼儿多半会躲在这洞穴中。

密密麻麻的林子挡住了风，但池面上的冰却特别厚，我用鱼叉在冰面上敲出一条通道，小心翼翼地下了水，没料到这塘子特别深，下水处便是个陡坡，脚底突然一滑，身子歪倒，顿时感到胸口一凉，冰水趁势从衣领处钻了进来，我接连打着哆嗦，赶紧立直身子安慰自己说：不要紧的，就胸口湿了，过一会就会捂干的。这胶皮衣做啥用的？就是让你不怕冷的，我不冷，真的，一点不冷。

我鼓足精神，尽可能把手臂伸长了用鱼叉拍打着河心，我渴望躲在河中央的鱼受到惊吓后都逃到树洞去避难。巨大的击水声在河面上回荡，也不知拍打了多久，我以为这次动静闹得够大了，把鱼叉往河泥中一插，双手张开往树根下的一个洞口摸去，摸索片刻，指尖似乎摸到了一条鱼尾巴，微微扭着身子往洞口钻去。我兴奋起来，一弓身子把腰弯得更低，只听得咕噜咕噜的声音响起，河水不停地灌入我的衣领，我变成了一只正在往里灌水的空瓶子，但此刻我实在顾不上，我太想捉住那条鱼了，至少捉一条也好证明一下这套胶皮衣的价值，我双手敏捷地合拢，果真抓住了一条，好像是条无鳞鱼，我顿时兴奋起来，小小心心地走到浅水处把合拢的双手抽出水，不由目瞪口呆，手心里啥都没有，那我抓住的是什么？想了片刻才明白，原来是我冻僵的左手把右手当成了鱼，于是用左手捉住了右手。

这时我觉得身子都快冻僵了，双手好像失去了知觉，赶快对手哈气，可肺腑里吐出的也是一阵冰凉。我挣扎着上了岸，把手搓得微微发热，我想把胶皮衣脱下身，然后赶快回家去钻进被窝。可任凭我折腾，那胶皮衣似乎长在我身上了，皮子突然变得又僵又硬，坐着脱不下，躺着也脱不下，我明白我只能穿着这套盔甲去见父母兄弟了，又强打精神往家走去。

黄山林场离我家至少有七八里，我扛着大鱼叉慢慢走着走着，水在胶鞋里咕咚咕咚直响，我觉得身子很重，每走一步要费很大力气，家也显得特别远，内衣又潮又冷，身子不停地发抖，牙齿快把嘴唇咬出血来。开始我还担心碰上熟人，后来脑子里变得迷迷糊糊，只记得身后跟着一群看稀奇的大人小孩，有一个大人显然认定我是渔夫，问我有没有鱼卖，我根本没力气理他。

母亲看见我的模样吓了一跳，还以为我在跟她闹着玩，我一言不发就瘫在地上，母亲这才慌了神，赶紧给我脱衣服，但她一人也脱不下来，最后我父亲来了，两个弟弟也来帮忙，靠全家人的力量，才脱掉那件胶皮衣，从胶皮鞋里倒出来的水，装了一脸盆。

我躺在床上，发了两天高烧，母亲接连给我吃了两天的肉末蒸蛋，父亲一句话也没责怪我，只是仔细研究了那套胶皮衣，甚至举了举那把鱼叉，我听到他重重地叹了口气。赵歌则穿上了胶皮衣，舞着鱼叉，对着镜子照了又照，说自己是一个海神。

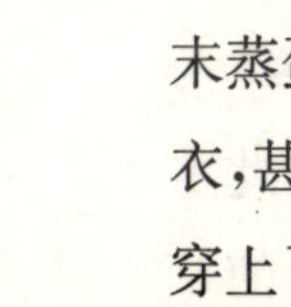
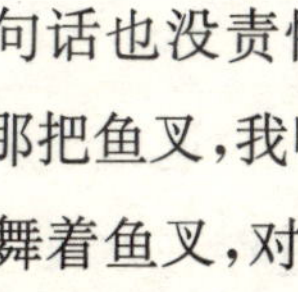
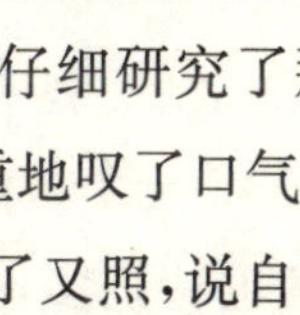

病刚好，我就带着那套胶皮衣回到俞家堂，当天晚上我走进了王兴家门，怯生生地拿出捕鱼装备，说：对不起，王兴，我不会捉鱼，没本事，这套衣服我还给你。

我不敢看王兴一眼，说完就走了，甚至连我已付了他九块钱的事也没敢提。没想到我前脚刚进茅屋，王兴后脚就跟进了门，把九块钱往我手里一塞就走，我连声谢谢也没来得及说，但我捏着那几张皱巴巴的票子哭了，心想我把胶皮衣拿去了好几天，失去了装备的王兴一分钱也挣不着，照理，他多少该收我一点租金的。

俞家堂，不知出于什么心理，以异乎寻常的宽厚和仁爱接受了我，一再容忍我这个外来的半文盲兼半痞子的胡作非为。

胶皮衣还给王兴后，我当渔夫发财致富的梦想彻底破灭，但此后为了填饱肚子，我变本加厉地偷瓜、偷菜，甚至把手伸进了家养鱼塘里偷鱼。

那天李沙和程高到我那儿吃饭，可我除了一点米，什么菜也没有，我急了，溜到屋后的紫云英地里，也不管地头还站着一个牧童，挑了一片最嫩的，偷了一大把紫云英捧回茅屋，说声你们先把饭煮着，我再去找荤菜，抓起一根钓鱼竿就出了门。

我选择了一个长长的池塘钓鱼，这塘子从未清过，因此水草茂盛，鱼也特别多，我多次见过浮在水面上吞食水草的草鱼、青鱼，那是村里专养的鱼类。我在河岸上掘出了一条黑蚯蚓，穿在鱼钩上，把钩子扔进水，心里祈祷着鱼儿快点咬钩。

没钓几分钟，浮漂自然，没一点动静，徐队长带着阿发、海根等五六个人从田埂上走来，走到一块地里，排成个一字开始锄地，我吓了一跳，赶紧趴下身子，鱼竿却还支在那儿。

我胆战心惊地平伏在河滩上，随时准备接受一声怒吼：快起来，滚，这儿不准钓鱼，但等待了很久，始终没听到叫骂声，我悄悄抬头窥探了一眼，只见徐队长他们好像只在乎锄地，根本不在乎眼皮底下藏着一个小偷，看都懒得看我一眼。

我担心这是一个精心设计的圈套：徐队长正在跟我玩“警察抓小偷”的游戏，警察抓人不是讲究证据吗？也许只要我一钓起鱼来，他们就会猛烈出击，来个人赃俱获。

等了半天，田里不见动静，徐队长他们又开始背身锄地，我胆大起来，试着晃了晃钓竿，无人理睬，我又把钓钩甩到空中，仍不见一点动静，我安心了，但还不敢过于猖狂，只是坐稳了身子钓鱼，这时鱼儿开始咬钩了，浮漂突然沉入水中，我用力一甩鱼竿，只见一条红尾巴的鲤鱼飞到了空中，随后迅速脱钩落水，身后传来一声遗憾的惊叫声“嗨”，我回头看了一眼，叫唤声好像出自阿发，因为他正抬头看着我，可当我的视线与他接触时，他又赶紧低下头，假装没看见，徐队长更是一脸严肃地只管锄地。写到这儿我真觉得自己厚颜无耻，居然还明目张胆地继续在他们面前行窃，直至我钓到了两条各有半尺长的草鱼才收竿。我把两条草鱼在岸边敲昏，揣在怀里离开了小河，我故意走得很慢，我时刻准备着把鱼还给身后的追击者，可一直等我走到村口，徐队长他们还是只关心锄地。

为了食物，我放弃了自尊，又充当了一回小偷，而俞家堂则对我网开一面，放弃了原则，也许是他们想给我提供一个生存之道，也许是他们出于对一个外来孩子的爱，我钓走一条鱼，村里便少了一条鱼，显然他们甘愿为我遭受损失，两相比较，我相信后者，因为我确确实实体会到了俞家堂对我的深情。

七

幸福的日子终于来临，队里的一头老水牛病了，请兽医来看了几次也不见好，徐队长把老牛牵到周家码头去估价，发现卖不了几个钱，便决定把它杀来吃。

阿发在打谷场旁掘了一口行军灶，安置好一口大铁锅，那铁锅本是村民们冬天用来洗澡的，特大，可容下一个成年男子。阿发隔天就砍下两棵树，劈成细柴，一早就开始烧水。

水未开，俞家堂所有的人都涌进了晒场，村里无人养狗，一群鸡鸭和几只猫子也挤进人群凑热闹。

这时老水牛被牵到了晒场中央，徐队长恭恭敬敬请出正在屋里喝酒的“牛魔王”。屠夫“牛魔王”是从张家港请来的，在我们那一带非常有名，听说再凶悍的牯牛远远看见他的背影就会瑟瑟发抖。

牛魔王长得又瘦又小，但精干结实异常，就像一团被压缩了的牛筋，奇特的是他后脖长着一个巨大的包，不知是囊肿还是纤维瘤，猛一看上去，牛魔王仿佛长了两个脑袋，前额上嵌着两只贼光四射的眼睛，显得非常狰狞可怕。

几个村民用麻绳捆住牛腿，一人紧拉着牛鼻绳，只听得一声响亮呐喊，众人一起发力，老水牛庞大的身躯顿时被拉翻倒地。

牛魔王的一个徒弟跃上前去，用力按住两只牛角，使牛眼朝天，据说再大的牛眼只要仰面朝天便只会看到一片虚幻的空白。这时老水牛无疑知道大难临头了，它既不挣扎，也不哞叫，四肢几乎纹丝不动，只是不停地流眼泪，牛眼大，泪水更大，不停地从牛眼里滴落，牛头紧挨的地面上顿时像打翻了一盆水。

我突然有些难受，悄悄地退后几步，躲到熊熊燃烧的行灶后，让弥漫的烟雾多少挡住一点视线，我觉得自己就像一个典型的伪君子，一面拼命想着饱餐一顿牛肉，一面又惦记着老水牛的种种好处。

记得老水牛刚用八百块钱买回村的时候，我对阿发说我骑过羊，骑过猪，骑过一只十一斤重的大公鸡，但没骑过马，没骑过牛。阿发说：那些畜生是人骑的？要骑就得骑马、骑驴、骑牛，来，你好好骑骑它吧。

阿发教我踩着牛角上了背，牵着牛到田埂上去转了一圈，果然十分舒服。

我觉得自己像个牧童，手中就差一根短笛，否则更潇洒。

阿发问我过不过瘾。

我说：过瘾。

阿发又指着牛尾巴说：牛身上最重的不是身子，不是腿，也不是头，而是它的尾巴。我看你的力气小，肯定扛不动它的尾巴。

我觉得阿发小看我了，居然傻乎乎地去扛牛尾巴，没料到牛尾巴刚搁上我肩头，老水牛便开始拉屎，溅了我一身，徐队长、阿发等人在一边哈哈大笑……至于老水牛的劳动那无需多说，它一上午犁的地，全村人一天也挖不完。

正胡思乱想中，牛魔王稳稳走到晒场中央，他从一只油腻的木箱里取出一把刀，对雪白的刀刃吹了口气，便跨了个斜斜的马步，怪叫一声，扭侧着身子切割牛脖，刀子来回运动得飞快，就像一个熟练的木匠用利锯对付一段朽木，完全可以说，顷刻之间，牛脖子就被他全部切断，鲜红的牛血喷涌而出，流水一般覆盖到早已浸透牛泪的晒场上。大概徐队长也不喜欢这种血腥场面，捧了一堆稻草来盖住血迹。

往下便是"庖丁解牛"式的拆卸老水牛的各个零部件，但牛魔王显然没有“疱丁”那么精密利索，他先用小刀剥皮，再“嗨嗨”怪叫着，用大斧将牛身砍成几大块，再一一挂在树上用刀子分解。

晒场上散发出浓重的血腥味，把邻村的一只黑狗也给引来了，围着晒场乱转，阿发赶它不走，便掷出两块泥巴，骂道：狗东西，再不走，把你一锅煮了吃。黑狗怕了，知道这儿没它的分，夹着尾巴溜走了。

这时大铁锅里的水早已煮开了，咕噜咕噜冒着热气，徐队长和几个村民把牛肚牛腰牛心牛肝等杂碎及一些零星牛肉扔进了锅，顺便还扔进去一把葱蒜姜。

阿发忙着往灶里添柴，又想显示自己的重要性，大声嚷嚷着柴火不够，村民们又劈了一副破门板，砍了一棵苦楝树来烧。这口灶足足烧了一下午才停熄，这时徐队长变得像个质量检查员，庄重地揭开锅盖，用汤勺舀起一块牛杂碎嚼了几下便正式宣布：可以吃了。于是俞家堂的百多号人个个拿出各自从家里带来的吃饭家伙把大铁锅围了个水泄不通。

晒场上站满了大吃大喝的人，没有一人说话，只听得响亮的咀嚼声和呼噜呼噜的喝汤声。牛肉的香味飘到邻县沙州去了，有两个挑担过路的一闻到香味就故意绕到这儿，然后呆在晒场的角上不走，一副饥肠辘辘的样子。徐队长有没有打发一碗汤给他们喝，我不知道，因为我光忙着吃肉喝汤，我吃了一碗又吃了一碗，等我去打第三碗时锅底已经朝天了，我不甘心，用长勺子在锅里打捞，可只听见尖厉的摩擦声，没捞着一星牛肉。

我问阿发吃了几碗？

阿发说：四碗。

我说：你怎么能吃到四碗？我吃两碗都差点噎了。

阿发说：你笨，吃大锅饭第一碗要少添一些，赶快吃完再去添就只管把碗装满，像你这样能吃到两碗就算不错了。

我想了想，觉得阿发讲得是句名言，记住了，果然受益。

插队三年多，光吃不做的好事我就碰到这么一回。平时里，我想肉吃想得发慌，就逛到周家码头去看肉。周家码头的肉铺里挂着很多很好看的猪肉，粉红的是瘦肉，雪白的是肥肉，都嫩生生的，似乎不煮就可以直接送进嘴。红白相间的五花肉七毛三分一斤，老母猪肉是一毛五分一斤，当时我母亲每月给我三块钱，按这种消费水平，我不敢也从来没想过要买五花肉，我只对老母猪肉有兴趣，但铺子里不是天天都有老母猪肉，难得碰到一回，我就买上半斤，带回家用小火慢慢地煮，生育过多的老母猪肉有一股臊味，肉又硬又糙，至少要煮四个小时才能嚼动，好在我并不在乎，只要有肉吃我就觉得特别幸福。

那天去大队部开大会，路过书记办公室时，一只母鸡红着脸咯咯叫着跳出门，我走到门口一看，鸡窝就安在门旁，我似乎想都没想就把手伸进窝，果然一只微热的鸡蛋滚进了我的手，随即进了我口袋，带着那只鸡蛋开会，就像现在带着一只厚厚的钱包走进餐馆，心里充满了即将享受那只鸡蛋的快乐，是炒了吃还是蒸了吃煮了吃，吃法我就想了好多种，不幸的是我走进茅屋时在门框上撞了一下，鸡蛋顿时给撞得粉碎，我只能小心把裤袋反转，把一兜子的稀烂用筷子括入一只大碗，做了一碗蛋花汤。

通过自己的劳动我也曾获得过一块肉吃，那年队里的老母猪生了一大窝的猪崽子，村民们都来买小猪。其中有头小猪跛了一足，卖不出去，只有住在我隔壁的老寡妇对跛足猪感兴趣。徐队长把小猪送给了她，不要钱。

于是老寡妇开始在自己家里喂养那头跛足猪，可跛足猪长到三十多斤无论吃什么都不长肉了，老寡妇决定请个屠夫宰了它吃肉，可请屠夫要花钱，老寡妇不想花这个钱，四处寻找免费屠夫，找来找去，居然看中了我，请我担任屠夫，报酬是一块肉。

一听说有肉吃，我想都没想就一口答应。可把那头小猪弄到长凳上摆平就是个疑难问题，小猪仿佛知道大难临头，拖着一条瘸腿满圈乱窜，好不容易抓住一条腿它一蹬又跑了，最后老寡妇亲自出马，一把揪住两只猪耳朵，叫我拎它的尾巴。也真是奇怪，像猪这么肥胖笨重的家伙，一条细短的尾巴竟是它的软档，一提就起。

我把小猪放在长凳上用绳子捆了个结实，老寡妇递给我一把她借来的牛耳尖刀，我试了试刀锋，很快，就学着屠夫模样对准猪的胸口捅去，好的屠夫杀猪只要一刀，捅第二刀便意味着失败，而且刀尖上还不能带出一丝鲜血，我则起码捅了二十几刀，捅得我满身猪血，小猪狂呼乱叫，绳子都差点给它蹬断……

我不想具体描叙我杀猪的整个过程了，当时只觉得恐怖恶心，发誓下辈子转世投胎也不做屠夫，可当我拿到我的报酬那块肉吃起来时，我又什么都忘了，吃完了还想再吃一块。

无需从《钟馗传》或《聊斋志异》中去寻找饿鬼的形象，我就是典型的一个，不过躯壳已消退，只剩下一张嘴和一只硕大无朋的胃，填不满也装不饱，可恨我惨淡经营多年仍空空如也，于是我什么都想抓来吃，什么都觉得好吃极了，还总结了一套经验：咸韭菜最为下饭，老南瓜蒸了切片吃有如蛋糕，菜葫芦煮烂吃可吃出鱼味，茄子切大块红烧形同猪肉，莴笋、长豆、茭白生吃等于吃水果。我还吃过一只阿发不知从哪弄来的面瓜，海碗大小，连皮蒸熟，削去瓜蒂，满满一瓢的细短面条，用酱油一拌，香美无比。奇怪的是我活到今天再没遭遇第二只面瓜。

我不知道老天造我爹娘生我是为了什么，除了吃，不停地吃，别的我一无所求。哲人说：巨大的欲望可创造巨大的财富，我馋的欲望远超巨大，但收获的依然只有饥饿。

即便回老家我也不改饿鬼模样。

一个阴雨天，我和赵歌去黄山林场钓鱼，鱼未钓上一条，大暴雨降临，避雨时没留神窜进一块番茄地，那被大雨浇湿的番茄红得实在诱人，于是我和大弟没商量一句就开始吃——赵歌和我干坏事一般用不着商量，属心有灵犀一点通的俩兄弟。

我吃了两只便担心胃的容量有限，于是我专挑最大最红的番茄吃，每只最鲜嫩的部分只给我咬一口便扔了，赵歌马上向我学习，换了吃法。尽管全身被大雨淋得透湿，但快活无比。当我们离开菜园时，只咬了一口的西红柿堆成了小山。

有一天我没钱了又特别想肉吃，就给姐姐写了一封信，信中表达了我想吃肉的强烈愿望。赵践很快给我回了一封信，信早已被我弄丢了，但大意还能记起来：一个男子汉不能光想吃肉，要多想想怎么在农村里多学点真本事，有了真本事才能买更多更好的肉吃。信纸裹着两块钱，这两块钱我会记一辈子。

姐姐给我回信的时候她正在吴江县金家坝插队，每月母亲给她寄四块钱，当时她得了严重的血吸虫病，没钱买药吃，只能去捋枫杨树叶子回来熬汤驱虫，那可怕的血吸虫折磨了她好多年。我记得姐姐有一年回家探亲，母亲带她一起去了江阴一中，捋了一大袋枫杨树叶子。她当过生产队长、大队党支部书记、公社妇女主任、吴江县委秘书，在农村呆了整整十三年。十三年间，她挖地平田，挑担插秧，像一个擅长田间劳动的吴江妇女那样什么都干，同时还创作了多部小说在《人民文学》、《十月》、《钟山》、《雨花》、《青年文学》等刊物上发表。插队多年后，赵践在陆文夫、高晓声两位恩师的推荐下调进江苏省作家协会从事专业创作。在我看来，姐姐是个富有创作才华的人，也是个被埋没的人。她注重文学的本质，从不大声喧哗，因而显得寂寞而清贫。有一年我去苏州看她，江苏省作协刚给赵践在苏州买了新房子，姐姐无钱装修，竟然自己贴瓷砖，她举着两只被水泥咬得伤痕累累的手给我看，脸上仍充满了拥有新房的快乐。我至今仍记得赵践写的一篇散文，写一只孤独的鸟如何面临种种危险，飞越万里，回到自己的家，文中充满了奇特的想象和描写，我觉得姐姐就是那只鸟，她终能飞到她想去的地方。

记忆深处还藏着一个令人啼笑皆非的镜头，1970 年我到吴江去看望姐姐，赵践高兴极了，当天就清蒸了一只甲鱼给我吃，鲜美至极。第二天姐姐又请我去一家小餐馆吃饭，点了两个菜，一个肉末炒鸡蛋，一个炒青菜，可饭馆太小，饭只添了一碗便没了，要饭须等，姐姐叫我先吃，就在姐姐守在灶前等饭的过程中，我把饭吃了，把肉末炒鸡蛋吃光，把炒青菜吃了一大半。等姐姐端着饭回到桌前，盘子里只剩下两三根青菜，姐姐看我一眼，不做声，我居然把赵践当做大富翁，说：再去买一个菜，去买，姐姐仍不做声，就这样用几根青菜吃下了一碗饭，出门后我居然还问甲鱼贵不贵，姐姐轻轻说了一句话：阿姐什么都舍得给你吃，你呢，以后做事也要替人家想想，不要光顾自己 ……这时我才恍惚意识到自己的无知和自私。

收到两块钱的第二天，我就去周家码头买了三斤老母猪肉，很奇怪，平时这种肉最少也要一毛五分一斤，但那天只卖一毛二，小贩解释说母猪太老了，所以只卖一毛二一斤。我把三斤老母猪肉都做成了红烧肉，幸福地吃了两天，可到了第三天晚上我就开始拉肚子，开始我还跑到茅屋后的地里去拉，拉了几次，感到两腿乏力，抬都抬不起来，拉稀的欲望又特别强烈，走到门口不由自主地蹲下就拉，到后来我变成一摊烂泥，连床也下不了，就这么躺着拉在床上。

熬到天亮，我发现自己拉出的东西都是稀稀的血冻，我觉得自己快死了，决定去找赤脚医生救命，就挣扎着下了床，拿了一根当柴烧的向日葵秆子当拐棍撑着上路。

从俞家堂到赤脚医生的住处有两里路，我走了几个小时，一路上又拉了五六回，当时也顾不得难为情了，蹲下就拉，不时还坐在地上歇会儿。终于走到大队部，赤脚医生说我这是小病，劝我多喝水，给我开了一片药，我当场就把药吞了。回到家里我躺在床上哼哼着。

徐队长和阿发看我不出工，就跑到茅屋里来找我，一进房两人就吓了一跳，地上床上都是粪便，臭气冲天，于是阿发捂着鼻子给我做清洁，徐队长回家找了一把晒干的马齿苋，给我熬了一锅汤端到床前说：赶快喝，这汤能止泻。我喝了马齿苋汤，又躺了几天，终于痊愈。

病一好，我就去看那碗还没吃完的红烧肉，碗还在，而且像洗过了又打过蜡一样发亮，但肉不见了，不用猜，我知道肉已经给阿根老头家的猫吃了。

病了的时候我恨那碗老母猪肉，我猜它是死猪肉、病猪肉，可病刚好我就开始想念它了，而且想得比往常还厉害，于是我格外痛恨阿根老头家的那只猫。

阿根是个孤身老头，住一间小屋，养一只公猫，那猫原是只黑白相间的花猫，也许阿根从未给它洗过澡，也许它爱往脏地方钻，看起来黑不溜秋的，更像只黑猫。这是个游手好闲的家伙，我从未看见它抓过一只老鼠。插队三年，我跟它的斗争就贯穿了两年，就是这只猫，差点给我带来了灭顶之灾。

阿根住的小屋离我家只有十步之遥，于是那只猫便成了我家的常客，只要我茅屋里出现一点荤腥，它就会毫不留情地消灭光，而且不管生的熟的死的活的，它都吃。挂在墙上的一只腌猪耳，我蒸半天都嚼不动，却给它生吃了。摆在灶台上的一碗虾子，我刚转身往灶堂里塞了把柴火，它便从泔水洞里钻进来，几口便将虾子吃个精光。就是放在饭锅里的蒸鸡蛋它也有办法吃，趁我出工的时候，它会耐心地用爪子去拨锅盖，一点一点拨开，然后用舌头将蒸鸡蛋舔个一干二净。有一回母亲要到乡下来看我，我知道母亲爱吃鲫鱼，就提前两天去买了一条半斤重的活鲫鱼养在脸盆里，又问阿发借了一只竹碗柜，把脸盆装进碗柜，在柜门的插销里插上一双筷子。没想到我出工回来，只见柜门已开，鱼当然不见了，地上有两根筷子，一根完好，一根已断成两节，原来这畜生竟有钢牙铁嘴，居然能把筷子一咬两半。

我找到它的主人，说：阿根，管管你家的猫吧，它把我的鱼吃了。

阿根说：阿咪蛮乖，我刚给它喂过鱼。

我说：还乖呢，我家的鱼、鸡蛋、虾、猪油，都给它偷吃了。

阿根说：你屋里有好吃的东西？

我说：有，一个月总有一两样好吃的，可我只能吃到一半，还有一半进了你家的猫肚子。

阿根说：阿咪一点不胖。

我说：还不胖？你看它叫得多精神。

阿根说：我对它好呀。

我说：还好呢，它好它会跑到我屋里来偷吃？

阿根老头本来话就少，此刻不说话了，巴巴巴地抽着旱烟，村里人说他是三拳头打不出一个闷屁来。我无计可施，只能把门关关紧，把吃的东西藏藏好，但还是难免那只猫的侵犯。

那天早晨，我去周家码头买了半斤老母猪肉来，准备熬一锅肉汤喝，为安全起见，确保自己能喝到肉汤，我破例使用了煤油炉，因煤油很贵，平时舍不得用，我把煤油当做治疗冻疮的良药，那冻疮痒起来实在受不了，但用煤油一擦就好。我先把煤油炉安放在一只方凳上，再把火烧得很大，把肉汤煮开，把煤油炉附近的桌子板凳统统搬走，以免那只臭猫登高攀援。看着给蓝色火焰团团包围的一锅肉汤，我以为万无一失，便关上门下地干活。

等收工回家，屋里已是一片狼藉，锅子炉子都歪倒在地上，连一星肉末都不剩。

我琢磨了半天，才明白那畜生对这锅肉的偷窃过程：无疑它从哪个墙洞钻进了我家，围着一锅肉馋涎欲滴地转了几圈，可能还跳跃了几次，但怎么跳也够不着，于是它顺着墙爬到屋梁上，用自己的身子瞄准了那锅肉，再松开四爪，像一块石头垂直坠落到锅上，于是锅被打翻了，火被汤浇灭了，肉进了它肚子。可以说，为了这锅肉汤，它绞尽脑汁，不怕牺牲，终于如愿以偿。

我蹲在被猫舔过的地面上哭了，我觉得我实在不是它的对手。

春天到了，每到夜晚，黑猫便站在我的茅屋顶上引吭高歌，那肥硕的身子里蕴藏着本该属于我的脂肪、我的蛋白质，因而叫得特别古怪响亮，让人听得全身上下一阵阵地起鸡皮疙瘩。我冲出门，朝它掷去一块泥巴，黑猫身子一闪，避开了我的袭击，从屋顶上失踪了，可没过几分钟，又听到它对爱情的歌唱。

无意中看到一本旧书，书上说在中世纪的欧洲，许多人便开始质疑猫的种种可疑行径，比如它在黑夜里干什么？为何跑起来悄无声息？为何眼睛会在黑暗中发光？答案似乎只有一个：猫是魔鬼撒旦的化身，属“小妖”，于是很多的猫被打死。在中国，神圣的寺庙绝不允许猫的进入，因为它是著名的“杀生者”。在武则天执政时期，不知为何，武则天也把猫视为死敌，更古怪的是法国国王亨利三世，他只要看见猫便会马上昏倒，尊敬的鲁迅先生也曾表达了他憎恨猫的鲜明立场，就连阿发也说猫是个嫌贫爱富的势利眼。

理论依据找到后，我作出一个决定：我要消灭这只猫。

我制作了一把弹弓，渴望再现当年“弹弓大王”的雄风，可说来也怪，黑猫似乎变成一个诡异的幽灵，具有不可思议的避弹功能，我每次发射的子弹每次落空，从未击落过它的一根猫毛。

我决定设计一个完美的陷阱，问阿发借来一口大缸，打了半缸水，再用旧报纸糊住缸口，在报纸中央放上一块骨头，我渴望黑猫爬到缸上觅食，然后一脚踩破报纸掉入缸中。可恨那黑猫似乎看穿了我的阴谋，围着水缸转了一圈便窜出了茅屋。

我抓来几条小鱼放在地上，再在鱼上用根细竹竿支起一只箩筐，竹竿上系着一根长绳，我抓着绳子的一头躲在卧室里，等待着那只猫被我的诱饵吸引，只要它走进箩筐的笼罩范

围，我就可飞快地拉动绳子，像罩麻雀一样将其罩住。可我苦苦守候了几天，那猫却似乎有透视眼，从未走进我的房门，毫无疑问，当我在“陷阱”旁埋伏时，它正快乐地在别人家窃食。

那些日子，我生存的全部目的就是为了消灭这只猫，可所有的设计都以失败而告终。我只能在练习本上写了一段文字来诅咒它：臭猫，你有狮子的残暴，野猪的贪婪，狐狸的狡猾，毒蛇的敏捷，老天将把你变成一头猪、一只兔子、一只麻雀、一条虫……

正当我绝望的时候，机会出现了，那天李沙和程高要到周家码头去，顺便到俞家堂来看我。闲聊了一会，程高问：杀不杀棋？我说杀。于是两人下起军棋来，下着下着，突然在我的板凳下出现了一只猫头，鼻孔嗅来嗅去，似乎闻到了什么好吃的东西。

我又惊又喜，真是踏破铁鞋无觅处，得来全不费功夫，确认它便是那只黑猫后，便一把将其捉住，拎起它说：想不想吃猫肉？

程高有些犹疑，说：猫肉能吃吗？

我说：我没吃过，但它也是一块肉。

李沙则十分肯定地说：能吃，广州有道名菜叫龙虎斗，那虎就是猫。

我说：想吃，你们就到周家码头去买瓶酒来，不想吃，就别买。

两人点点头，走了。

畜生，逃走三千里，还在棺材里，抓着那只臭猫，我突然想起了阿发娘子的一番话。不知为什么，一个乡下女人竟说出如此宿命的大实话。

怎么处罚这只猫，我伤了一番脑筋：打一顿？不解恨；关在箩筐里饿它几天？也难出心头那口恶气。

最后我找了一根绳子，打个活扣，把猫吊在卧室门上，臭猫挣扎着用四肢抵住门板，可门板光滑，没抵片刻力气就没了，身子顿时坠落，绳子又乘机勒紧了脖子，于是猫又开始拼命用四爪在门板上抓挠。看着它来回折腾的样子，我真是开心极了，这时徐队长在门外喊着出工，我锁好大门，下地干活去了。

那天下午挖地挖了三个小时，我一点不累，只是心里奇怪那猫为什么会自投罗网，也许它大脑神经系统一时短路，错把我家当成了阿根家，也许它命中注定该死。

收工回家时天色已黑，程高和李沙已在茅屋前等我了，两人都空着手，显然他们不想吃猫肉。我打开门，点亮油灯便去看那只猫的动静。

黑猫仍挂在门板上，四肢和尾巴下垂，眼睛紧闭，无疑已变成了一只死猫。

臭猫，终于翘辫子了。得意忘形中我犯了一个大错，居然解开了绳子，黑猫像块破布那样软绵绵地落地，纹丝不动地躺

在地上，我刚蹲下身，突然它一跃而起，一口咬住了我的左手，手心顿时传来一阵给穿透的疼痛，我啊啊叫着甩着手臂，企图摆脱猫口，可那猫对我恨之入骨，宁死也要咬住我的手，其实它完全可以逃走的，但它选择了复仇，也许它知道，这是它一生中最后的复仇机会。

我甩着手上的猫狂叫着在房间里乱窜，任凭我把猫头往墙上乱撞乱摔，任凭李沙和程高拉扯，它死死咬住我的左手不松口，仿佛成为我身子密不可分的一部分，四爪还狠命地在我身上抓挠。慌乱中我带着猫窜到灶前，看见一把切菜刀，想都没想操起菜刀就是一阵乱砍，直至把猫脖子砍断，可猫嘴还紧紧咬着我左手。幸好李沙想了个法子，找来两把锅铲，一点一点地撬开了猫嘴。

我的左手掌心出现了几个深深的齿印，最深的一个对穿掌心，毫不夸张地说，透过那个小洞，我可以看见那盏昏黄的油灯。鲜血像突然打开的喷泉激射而出，顿时染红了我的半身衣服，泥地上也是鲜血淋漓，分不清是猫血还是我的血。程高慌了，急忙用洗脸毛巾包住我的左手，可不一会，毛巾也变得鲜红，随后鲜血不停渗出，在我的手臂上蜿蜒爬行。这时我脑子转得飞快，突然想起小时候在老家阁楼上看过的一本医书，那书上的一条急救办法也许能止血，于是我先用绳子一圈圈地绕在自己的左手手腕，缠紧了，然后高高地举起左手，举累了就把手放在脑袋上休息，这方法果然灵验，没过几分钟，血便不往外流了。

程高和李沙硬把我送到邻村的赤脚医生家里，说还是去看看为好，反正天黑了，我们这样子出去也无人发现。

赤脚医生边检查伤口边问：啥东西咬的？

我说：野狗。

赤脚医生说：小野狗？

我说：小野狗。

赤脚医生仍怀疑地看了我一眼，不再多问了，在伤口上撒上了点药粉，包好，给了我几片药就完成了整个医疗过程。离开邻村时，李沙在小卖部买了瓶黄酒，我当然知道这酒意味着什么。

剥皮、开膛、剁块，都由我独立完成，因为在俞家堂我是主人，李沙和程高是我的客人，这些事必须我来做。我至今也想不明白：当时我左手已严重受伤，怎么还会有杀猫的力气，也许是除掉了心腹之患我感到精神振奋。

可烧肉的时候我却感到身子发虚发软，伤口突然疼得铭心刻骨，于是李沙去灶后烧火，程高则负责在灶前烹调，大约烧了个把小时，一碗热腾腾的猫肉便端到桌上。

这时我已钻进了被窝，半躺半坐着，恍恍惚惚中，似乎李沙叫我吃猫肉，我摇摇头，不想吃，也不想说话。李沙和程高有一句没一句地说着话吃着猫肉，好像李沙还喝醉了，把猫肉吐得一地，后来的事我就不记得了，等我醒来，两个朋友已走了，屋里也给打扫得干干净净。

第二天一早，徐队长到茅屋门口来喊我出工，我说我病了，想睡觉，不出工了。等徐队长和村里人都下了地，我便揣着那张猫皮，到三里外的一个收购站去卖了一块五毛钱。

那天上午到下午三点前一直太平无事，三点过后，我听见阿根老头的喊声：阿咪，阿咪，阿咪！

我急忙关好门，坐在小板凳上，竖直了耳朵。

喊声渐渐往我的茅屋靠拢，最后演变成一阵敲门声。

我打开房门。

阿根老头正站在门口，身后还站着徐队长、阿发等一群大人小孩。阿根老头问：阿咪在不在你屋里？

我说：阿咪在我的屋里只会偷东西，你要不要进屋来找找？

阿根老头不想进门，但仍狐疑地打量着我。

这时一个满脸鼻涕的小孩说话了：昨天夜里，蛮晚了，五一的烟囱里还冒烟，我趴在门缝上往里看，看见五一在砍一个兔子一样的东西。

出卖我的是阿发的儿子，这家伙，跟我一样馋，有一回我给了他一块榨菜，他吃一口便给辣得哭，但又舍不得丢，于是边吃连哭，边哭边吃。

徐队长看看缠在我手上的纱布，又问：兔子一样的是什么东西？

我说：蛮多。

徐队长说：蛮多也是别的，我只问你砍的是什么？

我答不出话来，掉头就走进了卧室。我做好了挨打的思想准备，我听说过邻县一个村里的知识青年跟村民发生矛盾，结果被吊起来打了一顿驱逐出村，大不了我也被吊起来打一顿吧，只要不打死我就可以换个村再插队，我不信这世上还有谁禁止我当农民。

也不知过了多久，我听见徐队长在门口喊我：钱五一，你出来。

我一想反正豁出去了，慢慢走到门口。

徐队长说：阿咪偷吃了你蛮多东西。

我一怔，点点头。

徐队长说：你把阿咪打死了吃了它的肉。

我又点头。

徐队长说：那就扯平了，谁也不欠谁的，就是阿根一个人养阿咪养了三年，一下子死了心里不好受，他又没有别的伴，你肯不肯给他一块钱？

我急忙掏出一块钱来递给徐队长。

徐队长把一块钱转交给阿根。

阿根老头对我说：谢谢。

一场风波以一块钱的代价宣告结束，如此一算，我还赚了五毛钱（猫皮卖了一块五）和一声谢谢，俞家堂人遇事不惊、善恶分明的大度善良至今仍深深感动着我。

1975 年，离开俞家堂已三年之久的我又赶到那儿看望乡亲们，依然是在徐队长家吃饭，依然是徐队长和阿发送我到顾山码头，依然是阿发挑着一担送给我的糯米红豆，阿发依然穿着一身破衣褴衫向我挥泪告别。当时我们谁都没有料想到，时间再往前推进若干年，这儿便变成中国最富庶的地区之一。也正是如徐队长、阿发这样千百万勤劳善良的人，创造了江南的美丽富饶。我真想看见阿发穿着一套新西装。

八

大概是 1969 年的一个晚上，阿发跑到茅屋里来说：五一，村里蛮多人在关心你的婚事。

我说：什么婚事？

阿发说：帮你找个娘子啊。

我笑了，说：我还小，我不找娘子，不找。

阿发说：乡下人结婚早，你现在不找将来好的就没有了。

我说：没有就没有。

阿发：别说气话，要不会打光棍的。

我说：打光棍也蛮好。

阿发说：一点不好，说话都没个伴。

我说：你不是。

阿发说：我是男的，没用。你找一个先谈着，先不结婚，谈好了等你想结婚了再结。

我不想继续这个话题，改说别的，可没过几天俞家堂人似乎下决心把我留在村里了，果真给我介绍了两个对象，一个是本村的，名字我忘了，只记得她身材娇小，上头还有两个哥哥，劳力多便意味着工分多，她家该属俞家堂的富户之一。另一个是邻村的，名字我不记得了，父亲好像是大队党支部书记，当她走进茅屋后我确实震了一下，这是个非常美丽的姑娘，皮肤又白又红，头发黑得像乌鸦羽毛，梳成一条垂到腰部的大辫子，尤其好看的是眼睛，清清亮亮的，既不俗又不妖，似乎没沾一点人间烟火。说起来我当导演也二十几年了，也见过许多漂亮女子，但心目中最美丽的就是她，如今很难寻找到她那样的眼睛，那是一种没有一丁点浮躁一丁点张扬的单纯，总好像在静静地等待着什么，当年的江南女子大都如此。八十年代初期流行歌曲《小芳》时，许多高雅人士批评它俗，我作为当年的一个知识青年，心里却喜欢得要命，听着这首歌，总能让人想起一些既亲切又美好的事情。

虽然这两个姑娘都不错，我还是一口回绝了，原因很简单，我觉得自己还小，不适宜谈情说爱，内心深处还有一种朦朦胧胧的感觉，我不属于这个地方，迟早有一天我会离开，尽

管当时并没有任何人给我许愿承诺，但心中的朦胧感却让我作出了理性选择。事隔几年后，当初邻村几个结了婚生了小孩的知识青年又上调回城，我认识的几个都离了婚，我庆幸当年没给自己的人生旅途多添一幕悲剧。

到了 1971 年初，又发生了一件奇怪的事情，此事看起来纯属巧合，但却改变了我人生的命运，也使我犯下了一个至今都在后悔的错误。

那天母亲从江阴坐船到顾山镇来看我，母亲头一回来，我兴奋极了，提前两个小时赶到顾山镇迎接，可船晚点了，大约晚上八点才靠顾山码头。我接到母亲，两人说着话往俞家堂走去，幸好那天我带了手电，否则那六七里泥巴路对我母亲来说确实不好走。走着走着，身后出现了一个手电光柱，似乎是两个男人，不说话，也不超越，慢慢地跟在我们身后，不知什么意思。我担心碰到打劫的，正想问话，后面一个中年男人却先说了：是钱五一吧？

我说：是，你怎么晓得我的名字？

中年男人说：我早知道。

我有点害怕，问：你知道什么？

男人说：多少知道一点。

我说：我不认识你，你知道的一点是什么？

那男人不做声了。

我想他知道的肯定不是什么好事，两年前，我烧了袁良的被窝，那事在公社里影响很大，但母亲还蒙在鼓里。于是我不想跟他说话，挽着母亲就走。

那中年男人却快步追到我身后，拉住我手说：你们等等，说完他借着手电光写了一张纸条给我，又说，这是我的地址，三天后你到这儿来找我，一定来。

中年男人加快了步伐，与同伴一起超越我们走了。母亲看看他们背影，轻轻说：神神秘秘的，不知道是什么人，你别去。

我说：我不去。

母亲说：你呀，嘴上说说，到时候又会走了去。白脚花猫，我还不知道。

我说：我说了不去就不去。

到了俞家堂，母亲一看见茅屋就开始叹气，我听见了，说：你别叹气呀，你看看这屋檐下挂的木头，多长，这就是上面发下来给我盖新房子的，有零点三立方呢。总有一天，我会住上新瓦屋。

母亲摸了摸木头，进了屋，又像个侦探一样，仔细检查了我的灶、碗柜、箱子、坛坛罐罐，无一遗漏。当她看见我的大床时吓了一跳，说：你把两只粪桶放在床架子上头算什么意思？

我说：没什么意思。

母亲说：你不怕它掉下来？

我说：不怕，这床结实，坐八个人也压不垮。

母亲说：那也脏呀。

我说：干净，用都没用过。

母亲给我带了一大包吃的东西，叫我吃，我吃了一点，跟她说了一会话，便叫母亲睡觉。我执意让母亲睡大床，我睡一张临时搁起来的竹床。那天晚上，我产生了一种久违的归属感，睡得特别安稳，只觉得跟母亲在一起真好。

第二天，徐队长带着一群村民来看母亲，母亲把随身带来的一包糖果点心分给小孩吃，母亲和徐队长说了很多客气话。

第三天我带母亲到周家码头去玩，母亲买了两斤五花肉，回家后做了一大碗红烧肉。吃饭时母亲故意不看我的吃相，但叫我只管把红烧肉吃光。

第四天，母亲要走了，临上船前母亲还嘱咐我：千万别去找那个人，你对他一无所知，现在社会上蛮复杂的，你还小，没有社会经验。

我说：我知道了，我不会去的，你放心。

回到我的茅屋里，我又一次打开那张纸条：顾山镇××街××号，我又琢磨起那个奇怪的陌生男人，他说过三天去见他，现在过去了四天，我去了还能不能见到他呢？

反复斟酌了一天，第二天一早，我便去了顾山镇。在一条小街上，我很快就找到那个门牌号码，敲开了一扇陌生的门。

为节省笔墨，我把当年写给母亲的一封信转抄在此，多亏我母亲细心，居然把我们姐弟四个的信件都一一保留至今。

爸爸妈妈：

你们好！

对不起妈妈，我还是去了那个陌生男人家里，进了门并没有跳出一只老虎来吃我，现在世界上还是好人多。妈妈的阶级斗争警惕性高是好的，但还是要相信一些真诚的人。那个人姓堂，是一家商店里的营业员，他对我很客气，烧了一桌子菜给我吃，还带我去顾山的山上玩了玩，顾山真有座山，也叫顾山，以前我真不知道。老堂说：江阴有三十三座半山，顾山就是那半座山，还有半座山属锡山县。我在山顶上一蹦就到了锡山县，一蹦又回到了江阴，好玩。临走前他送了一斤白糖给我，我没带包，就手里拿着一包白糖往家走，过桥时一不小心把糖掉到河里，真可惜，那河里的水现在肯定是甜的。堂大哥有一个弟弟是公社革委会的负责干部，还有一个妹妹没见着，他说他愿意跟我交个朋友，我觉得他肯定是个好人，就答应了。

那一对粪桶是新的，八块钱一对，很贵，放在床架上掉不下来的，妈妈别担心。

祝你们身体永远健康！

儿　五一

母亲很快给我回信，写了密密麻麻两张纸，信中同意我和老堂交朋友，但要我多长个心眼，所谓害人之心不可有，防人之心不可无。我只是个半大不小的少年，又没什么本事，在农村能填饱肚子就算不错了，父母也无权无势无钱，人家主动跟你交友图个什么呢？

儿行千里母担忧，我知道母亲的心理，但总觉得多交一个朋友并不是什么坏事，于是三天两头往顾山镇上跑。

老堂长着一张圆圆的脸，慈眉善目的，脸上总有微笑，有几分阿弥陀佛的模样，似乎从未尝过愁滋味，他对我的热情总让我想起母亲的话，总觉得笑容下隐藏着几分可疑。每次去老堂家他都亲自下厨烧一碗红烧肉给我吃，有时他妹妹堂娟也来帮着炒菜，然后一起吃饭。

日子一天一天过去，我慢慢体会到了老堂的真诚，不再胡乱猜疑，但每当大吃大喝时总想起我的两个朋友，终于有一天我给老堂提了个要求：我还有两个朋友，也在顾山插队，一个叫李沙，一个叫程高，每次我来顾山镇要走六七里路，一路上有点孤独，我能否把两个朋友也叫来玩呢？

老堂一口回绝，说他刚死了老婆，还要负担两个小孩，可他不想再娶了，因为就这么过他从不感到孤独，就是孤独也没有什么可怕的，人生来就是孤独的。再说他毕竟有个弟弟在公社当头，属干部家庭，人来多了不好。

我一听就知道自己说错了，人家的负担那么重，靠一人养两个孩子，还要花钱招待我，我怎么能自己吃了白食还要喊两个人来一起吃白食？难道他家是个免费的食堂。于是我故意减少了去顾山镇的次数，老堂似乎看透了我的心思，有一回对我说：我还有几个亲戚在外省做事，一个在京城做官，一个在上海做官，每个月都给我寄钱，过日子一点不难，你千万别多想什么，想来就只管来。

如此相处了两三个月，老堂带我去参观了那座纪念昭明太子的犀带桥，看了两场露天电影，还去他的几个亲戚家里玩了玩，玩晚了我回不去，就住在他家里，两人无话不谈。老堂还把他亡妻的照片拿来给我看，极美的一个女子，据说是当年顾山镇上最美的一个。见过她的人给我说：她漂亮得像个狐狸精，所以红颜薄命……

有一回老堂似乎很随便地问我：你觉得我妹妹怎么样？

我说：蛮好的。

老堂高兴了，说：好就交个朋友吧。

我奇怪了，说：都见好几回了，本来就是朋友呀。

老堂笑着说：本来就是朋友，你这话说得好。

我突然明白了交朋友的意思，交朋友就是谈对象，费劲地想了一会说：老堂，我现在在乡下插队，算个农民，一年做两百多个工分只能换点口粮和五六块钱，再说我长得一点也不好看，你妹妹那么漂亮，跟着我要吃亏的。

老堂急了，说：我妹妹也快插队了，一插队也就跟你一样，也要种地，穷一点不要紧，关键是人好。

我想起自己偷菜偷瓜的经历，问：我好在哪里？

老堂一本正经地说：我会相面，真的，我看过你好多回了，你长得是不太好看，如果只单看你的鼻子或眼睛，真是不怎么样，可是一合起来再一起看，你的脸就特别活，特别纯，小孩子的心是纯的，所以纯的人都是好人，还有，你脸上有颗痣，长在一个好地方，你会吃很多苦，但都会过关，因为你的命特别硬。

这些话我记了一辈子，每当我遇到困难，总会想起老堂的那番话，它能鼓舞我去战胜困难，走出逆境，而且它能提醒你要时刻保持童心，走过的路也证明行之有效。尽管当时我就很感动，但还是把话挑明了说：老堂，谢谢你的关心，但我还小，还不能养活自己，养活不了自己的人是不能谈朋友的，一个对自己都负不了责的人，怎么能对人家负责？我现在真的不想交女朋友。

老堂似乎有些失望，但还是笑着说：不要紧，不要紧，不说这话了，反正，我认你这个朋友。唉，就是交个朋友也蛮好的。

中午，老堂还是跟往常一样下厨做饭，堂娟又来帮着张罗。说实话我平时对她并不怎么在意，但那天却偷偷多看了她几眼。

堂娟有一张标准的鹅蛋脸，两条长辫子，皮肤白得几乎失去血色，眼睛是江南女子特有的杏眼，黑白分明，江南河多水多，于是她的眼睛里水也特别多，但显得宁静，偶起涟漪，似乎蕴藏着一种淡淡的哀怨，不知寓意着什么。

我跟堂娟没说过几句话，一来我一贯不敢与美丽女子对话，美丽似乎总有一种震慑力，记得刚上初一时有一个秀丽的女同学突然跑到我家来借书，我吓得不敢见她，在屋里东躲西藏，最后从窗子里跳出去，成为两个弟弟的笑柄。二则我当时确实不想交朋友，尽管我当时还是农民，也没有什么远大理想，但心目中总觉得将来一定有比种地更重要的事情等着我去做。

此后我不再去老堂家了，就是要去顾山镇买日用品，也远远地避开老堂住的那条街，买了东西就走，我甚至怕无意中碰到老堂。我觉得自己既然不愿跟堂娟交朋友，也就不该跟她的哥哥交朋友，否则会同时伤害两个人。

一晃到了下半年，大队里要我担任生产队的技术员，同时兼俞家堂的政治队长，过后不久又想叫我做生产队长，肩上有了担子，活儿就多起来，选种育苗，清圈壅肥，整天耗在田里，回家也是两腿泥，只有到夜深人静时独自躺在床上时才偶尔想起老堂。

那天中午收工回家，出人意外地看见老堂站在茅屋门口，一见面他就喊道：怎么不去我家啦？嫌我了？

我说：不，最近我忙。

老堂说：我知道，你当官了。

我说：那算什么官。

老堂说：大小也是嘛。

我开门说：进屋坐吧，今天你就在我这儿吃饭。

老堂进屋边看边说：你这儿有什么好吃的？没有……没有，我知道没有，走，到我家去吃。

我说：还走那么远啊？下午我还有活。

老堂说：我去帮你请假行不行？走吧，我有重要事情对你说。

我说：什么重要事情？

老堂：吃完饭再说，走走走。

于是我去向徐队长请了假，跟老堂一起去了顾山镇。在他家吃饭时堂娟没来，这多少让我安心。吃着吃着，老堂按捺不住了，果真跟我讲起一件重要事情：你听说了没有？县里给公社分了三个招工指标。

我说：听说了。

老堂说：你有没有想过，你是那三个人中的一个？

我说：怎么可能，顾山公社的插队青年那么多，怎么会轮上我？

老堂说：五大队的推荐名单里有你。

我说：有我也不会是我。

老堂：你这个人，总把自己往坏里想。说真的，几份推荐名单我都看到了，我这个人你是知道的，肚子里搁不下一点东西，忍不住多了几句嘴，帮你说了些好话，堂娟也说了，你现在是技术员，是队长，表现好，应该有你的分，听说昨天把名单定下来了，三个指标中有你一个。

我说：真的？

老堂：真的，我什么时候跟你瞎开过玩笑？

喜讯从天而降，我简直不敢相信这是真的，从乡下调进城里当工人，这绝对是当时所有知识青年的伟大理想，这标志着我从此不必种地不必住那间破茅屋，更不必去偷瓜偷菜偷鱼偷萝卜干，即将成为一名光荣的工人。那三个招工指标，是江阴县的首次招工，其珍稀可想而知，而我，既无背景，又没有在农村做出什么光辉业绩，我甚至没给老堂及其家人送过一分钱的礼，难道就凭我跟老堂的友谊？而且我曾明确跟老堂说过：我不可能成为他的妹婿。

友谊是不容置疑的，正是那份友情，使老堂向我伸出了热情的手，事后我调到了江阴，调到了南京，又调到了武汉，直至今天老堂始终没以任何方式向我索取一丁点回报，他只是偶尔去看看我的父母，问问我的情况，然后为我取得的一点渺小成绩说声真好。

当时我乐昏了，不知如何来表达自己的喜悦，突然想起我的两个朋友还在乡下，而我即将离他们而去，不免有些伤感，便冒冒失失向老堂提了一个令我后悔一辈子的要求：老堂，我一走，我乡下的朋友就变得很孤单，我能不能带他们来你们认识一下？

老堂问：谁？

我说：程高。

老堂犹豫了一下说：那也要看人的。

我说：程高人蛮好的。

老堂说：送你的时候我要请你吃饭，你把他带来吧。

我如释重负，说：好。

之所以推荐程高并非我不喜欢李沙，他们两人都是我的好友，但程高由于家庭原因，从小常受人欺负，我觉得程高应该有一个新的朋友来填补我走后的空白。程高长得高大魁梧，聪明机灵，一定会讨人喜欢的。

第二天，我就拿到了我的招工表格，填好后我到大队部去批字，那天书记不在，副书记就代签了，在劳动表现一栏中填了个较好两字，我有些不满意，心想好就是好，不好就是不好，哪有什么较好的？转念又一想我做的那些丑事，又觉得“较好”二字已是一种极大的恩赐。

离开俞家堂那天，徐队长、阿发和海根等人挑着我的行李，挑着他们送给我的一担糯米，一直把我送到了顾山镇，程高和李沙也来送我，都去了老堂家。老堂像送别自己的亲人，摆了一大桌丰盛的酒宴，众人都纷纷向我敬酒，堂娟也过来敬了杯酒就不见了，徐队长喝得满脸通红，突然说：五一，我们一直把你当小孩。

阿发说：五一本身就是小孩。

老堂说：是是是。

我哭了。

时至今日我写下这些文字仍然心动过速，江南农民说把你当小孩就等于是把你当自家儿子，瘌痢头儿子都是自家的好啊，直到那时我才恍然大悟，为何他们容忍并原谅了我的种种丑行。

小火轮呜呜叫着，带着我离开了顾山码头，我泪流满面地站在船上挥手，徐队长、阿发和老堂也抹着泪朝我招手。船上的乘客好奇地看着我，有一个乘客发问：哎，你为啥又哭又笑？

九

我成为长航江阴港务局的一个工人，随即给派往南京金陵船厂学习钳工，在那里，我接到了程高的来信，他告诉我两个喜讯：一、他参军了；二、他与堂娟举办了订婚仪式，他母亲也去了顾山，在仪式上，他母亲送给堂娟一只订婚戒指。

我从心里为朋友高兴，马上给程高回信，祝贺他双喜临门。

一年后，我参加金陵船厂的钳工二级工基本功考试，获得第一名，然后回到江阴港务局继续当工人。不知何故，程高好像只穿了一年军装就复员了，给分配在江阴县最好的一个金融单位工作。

一个星期天的上午，堂娟突然走进了我家门，这是她第一次来我家，也是最后一次，我边给她倒茶边问：你怎么一个人来了？

堂娟说：我来洗照片。

我注意到她手上拿着一个照相馆的纸袋，便说：给我看看行吗？

堂娟抽出几张照片给我。

照片两寸，全是黑白的，长辫子的堂娟显得特别清秀，我说：能不能送一张我留个纪念？

堂娟默默地想了一下，摇了摇头。

我把照片还给她又问：你还在插队？

堂娟点点头。

我说：你见到程高了吗？

堂娟：他不在家。

我说：说不定他在加班，你可以到单位去找他，很近的，我告诉你路线，要是找不到你中午到我这儿来吃饭。

堂娟走了，中午也没来，不知那天她找到程高没有，这是我最后一次见到堂娟，往后听到的一些消息是零碎而令人愤怒的：一个晚上，堂娟在她插队的村子里，被一个蒙面人强奸了，当地警方侦查了很久也没有破案。随后老堂跑来告诉我：只说了一句话：程高与堂娟一刀两断了……

说完老堂就开始呜呜地哭，这是我头一回见到他哭，一个平时脸上只有笑容的人哭起来真叫人难受，我不知怎么来安慰他，说了几句废话，什么强扭的瓜不甜，什么捆绑不成夫妻，说到后来我想打自己的嘴，便冲出门，找到了程高。

我说：你怎么和堂娟断了？

程高愣了一下，似乎轻描淡写地说：你可能也听说了，她给人强奸了。

我火了，说了一番我这辈子也许是最恶毒的话：这巷里人都知道，你妈妈当年也不是良家妇女，你爸还是娶了她，生了你，别人说这话我还好想，你怎么说得出口？

程高脸色变得非常难看，一言不发就走了，往后听到的消息更令人瞠目：堂娟嫁给了一个我有可能认识的知识青年，但婚后不久就离婚了，原因似乎还是当年那桩强奸案，往后就没有听到她的只语片言。

堂娟的哥哥是顾山公社的主要负责人，他能帮助堂娟的朋友，帮了一个又一个，但他却帮不了堂娟的感情生活。也许感情上的伤口，只有靠自己才能愈合，除了堂娟自己，谁也难以帮她。我一直在为堂娟默默地祈祷，祝愿她早日走出阴影，有一个安定的生活。

时至今日，我也不想过于责备程高，他有自己的人生选择，而堂娟的噩梦，正好给他提供了一个依据，即使没有这个依据他也会找到别的依据，我能理解他环境变化后的心理变化，我不能原谅的是我自己，我是始作俑者，正是愚蠢的我把他带进了老堂家的门，这个错误我拷问鞭挞了自己许多年，但老天再也不会赐于我改正的机会。

按我的初衷，写到十八岁我成人后就结束本文，不再往下写，但有几个人物我还想交代一下，也许还有一些可读的价值。

具体时间我不记得了，好像是八十年代股票市场刚刚兴起的时候，有一天程高突然跑到武汉来看我，说他已经担任了信贷部主任，带了几十万块钱，专门到武汉来买股票。我问他是公家买还是个人买，他笑而不答，但举手投足之间显得十分自得，处处暗示我他如今身价非凡。

我感到吃惊，当时我工资加上稿费收入算是高的，但家里除了电灯便没有别的电器，当然更没有几十万闲钱去买卖股票。此事过后不到半年，江阴便传来消息，程高因涉嫌贪污被捕，后经法院审理被判刑若干年。

我并不迷信，但相信因果报应，尽管许多人在快乐中作恶后继续快乐，许多人在痛苦中行善后继续痛苦，但种瓜得瓜种豆得豆却是我种地三年获得的基本常识，我更不相信有人播下龙种，收获的却是跳蚤，除非你真有龙种可播。

写到这里，我仍无法解释自己。

1973年，我在南京金陵船厂学习钳工，一个屡次在宿舍内行窃又屡次被我驱逐的歹徒躲在阴暗处突然挥刀向我袭击，我身中十几刀，头部缝了两针，腋下缝了两针，满身鲜血，至今胸口上仍留着伤痕。当歹徒被抓获后，他的老奶奶带着一个不满三岁的孙女和一斤硬糖来看我，一老一少跪在我床前哭着说：她儿子儿媳都是工程师，都被打成“五一六分子”，都自杀了，留下了这个不肖孙子，要我原谅他并饶了他。我居然也跟着他们一起哭起来，连声说放心，我不会，不会的……

过去的一切并没有过去，它还写在我的脸上，写在我的心里，写在我的血液中，我必须为此负责。

翻开我十八年的履历表，随处可见一幕幕闹剧，一个个血淋淋的伤口。

可幸的是我遇到了一些善者——那些生活在社会最低层的小人物，在我最饥饿的日子里，他们竭尽全力地给我输送了营养，他们用自己的善行告诉了我什么是善良，他们让我感受到了正直的力量，他们启示我用平静和希望去享受艰难。他们验证了真诚会遭遇冷漠，但会使人生变得格外多情。他们教诲我宽容，尤其是要宽容善者，哪怕是犯了错的善者。这并非是我在回忆中粉饰太平，在这不堪回首的十八年历史中，他们实实在在地出现了，像一盏盏微弱但不失明亮的灯，照亮了我的生活道路，以免我堕入万劫不复的地狱。

更为奇怪的是我成人后，居然会抱着这样的信念赶路，即什么事情都想得一百分，什么时候都想听人说：你是一个好孩子。

结果活得很累，经常遭遇失望、绝望。

于是我选择了忏悔，拷问灵魂深处最阴暗的部分，搬掉压在心头几十年的巨石，但愿清空陈积多年的垃圾后，也许会走得更远。

十年时间，时断时续地写完此文，正是午夜，在床上辗转反侧良久，恍惚入睡，忽然间惊醒，一个声音仿佛从天庭上撒落，如雷震耳：你忏悔了吗？

你真的忏悔了？

图书在版编目(CIP)数据

顽童忏悔录 / 钱五一著. —上海: 文汇出版社，
2011.5

ISBN 978-7-5496-0084-7

Ⅰ.①顽… Ⅱ.①钱… Ⅲ.①传记文学-中国-当代
Ⅳ.①I25

中国版本图书馆 CIP 数据核字(2011)第 059248 号

顽童忏悔录

作　　者 / 钱五一
责任编辑 / 乐渭琦
装帧设计 / 张　晋

出 版 人 / 桂国强

出版发行 / 文匯出版社
上海市威海路 755 号
(邮政编码 200041)
经　　销 / 全国新华书店
照　　排 / 南京展望文化发展有限公司
印刷装订 / 上海港东印刷厂
版　　次 / 2011 年 5 月第 1 版
印　　次 / 2011 年 5 月第 1 次印刷
开　　本 / 890×1240　1/32
字　　数 / 95 千
印　　张 / 6.25

书　　号 / ISBN 978-7-5496-0084-7
定　　价 / 18.00 元